星栞 HOSHIORI

2024年の星占い

・山羊座・

ゆかり

山羊座のあなたへ
2024年のテーマ・モチーフ
解説

モチーフ：カップとソーサー

　2024年前半は「愛の時間」です。タロットカードには「カップ」というシンボルがありますが、この「カップ」はトランプでいうハート、つまり感情や愛を象徴します。ソーサーもまた、受け止めるもの、容れるものです。心という器があって、そこに愛がなみなみと注がれ、あるいは他者の心に注ぎ入れることができます。2024年、山羊座の人々は愛について深く考え、現実の中で愛を思いきり生きることになるでしょう。誰かに思いをぶつけ、自分が変わるほどの関わりを結ぶことができる年です。

CONTENTS

はじめに

　こんにちは、石井ゆかりです。

　2020年頃からの激動の時代を生きてきて、今、私たちは不思議な状況に置かれているように思われます。というのも、危機感や恐怖感に「慣れてしまった」のではないかと思うのです。人間はおよそどんなことにも慣れてしまいます。ずっと同じ緊張感に晒されれば、耐えられず心身が折れてしまうからです。「慣れ」は、人間が厳しい自然を生き延びるための、最強の戦略なのかもしれませんが、その一方で、最大の弱点とも言えるのではないか、という気がします。どんなに傷つけられ、ないがしろにされても、「闘って傷つくよりは、このままじっとしているほうがよい」と考えてしまうために、幸福を願うことさえできないでいる人が、とてもたくさんいるからです。

　2024年は冥王星という星が、山羊座から水瓶座への移動を完了する時間です。この水瓶座の支配星・天王星は「所有・物質的豊かさ・美・欲」を象徴する牡牛座に位置し、年単位の流れを司る木星と並んでいます。

冥王星は深く巨大な欲、社会を動かす大きな力を象徴する星で、欲望や衝動、支配力と関連づけられています。すなわち、2024年は「欲望が動く年」と言えるのではないかと思うのです。人間の最も大きな欲望は「今より落ちぶれたくない」という欲なのだそうです。本当かどうかわかりませんが、この「欲」が最強である限り、前述のような「慣れ」の世界に閉じこもり続ける選択も仕方がないのかもしれません。

　でも、人間には他にも、様々な欲があります。より美しいものを生み出したいという欲、愛し愛されたいという欲、愛する者を満たしたいという欲、後世により良いものを残したいという欲。「欲」が自分個人の手の中、自分一人の人生を超えてゆくほど大きくなれば、それは「善」と呼ばれるものに近づきます。水瓶座の冥王星は、どこまでもスケールの大きな「欲」を象徴します。世界全体にゆき渡る「欲」を、多くの人が抱き始める年です。

《注釈》

◆ 12星座占いの星座の区分け（「3/21〜4/20」など）は、生まれた年によって、境目が異なります。正確な境目が知りたい方は、P.124〜125の「太陽星座早見表」をご覧下さい。または、下記の各モバイルコンテンツで計算することができます。
インターネットで無料で調べることのできるサイトもたくさんありますので、「太陽星座」などのキーワードで検索してみて下さい。

モバイルサイト【石井ゆかりの星読み】（一部有料）
https://star.cocoloni.jp/（スマートフォンのみ）

◆ 本文中に出てくる、星座の分類は下記の通りです。
火の星座：牡羊座・獅子座・射手座　　地の星座：牡牛座・乙女座・山羊座
風の星座：双子座・天秤座・水瓶座　　水の星座：蟹座・蠍座・魚座
活動宮：牡羊座・蟹座・天秤座・山羊座
不動宮：牡牛座・獅子座・蠍座・水瓶座
柔軟宮：双子座・乙女座・射手座・魚座

《参考資料》

・『Solar Fire Gold Ver.9』（ソフトウェア）/ Esoteric Technologies Pty Ltd.
・『増補版　21世紀　占星天文暦』/ 魔女の家BOOKS　ニール・F・マイケルセン
・『アメリカ占星学教科書　第一巻』/ 魔女の家BOOKS　M.D.マーチ、J.マクエバーズ
・国立天文台 暦計算室Webサイト

HOSHIORI

山羊座 2024年の星模様
年間占い

❊「望む・欲する」年

　望む、欲する、愛する年です。

　自分から何かを望み、求めることで多くのものが手に入ります。あるいは、「手に入るもの」は2024年だけで完結するわけではないかもしれません。2024年はむしろ「望み始める年」「求め始める年」なのかもしれません。たとえば「勉強」も、少なくとも大人になってからは、なんらかの欲求に基づいて行われます。知りたい知識や身につけたいスキルがあり、それを求めて私たちは学びます。欲がなければ、勉強はうまくいかないのです。2024年の山羊座の人々が欲し、求め始めるものは、お金から知識から才能発揮の場、就労条件、理想のライフスタイル、誰かの心まで、多岐にわたります。一般に占いを読む時、読み手は「これから自分に、どんなことが巡ってくるのだろう」「誰から、どんな働きかけを受けるだろう」といったスタンスに立ちます。「運」は「外部から自分に向かって運ばれてくるもの」です。そういう意味では、この占いは拍子抜けな、的外れのものと感じられるかもしれません。で

すが2024年はどうしても「自分が何を欲しがるか」ということにスポットライトが当たっているのです。そこが出発点となり、人生が動きます。

　何かを欲しがり、求めることは、怖いことでもあります。それが手に入らなかった時、とてもガッカリしてしまうからです。中には深く傷つく人もいます。たとえ求めたものが手に入ったとしても、後でそれが失われて「手に入れなければ良かった」と思うほど落ち込んでしまうこともあります。求め欲することは、危険なことなのです。

　山羊座の人々は「リスク」に敏感です。ゆえに、何かを欲することを徹底的に避ける人もいます。ただ、2008年頃から山羊座の人々は、リスク回避のために「欲しがらない」という方針を、敢えて逸脱してきたのではないでしょうか。むしろ、激しく何かを欲し、欲する衝動に振り回され、縛られるような状態にあった人も少なくないかもしれません。欲して欲して、そこから人生を激変させた人もいるはずです。2024年はそうした激しい衝動の一つの着地点、到達点となっています。特に「理想の自分になりたい」「愛されたい、欲

されたい、必要とされたい」といった熱情があなたを変えてきた、その一連のプロセスが完了するのです。

そして2024年から2043年は、より物質的・経済的な方向へと「欲」が移動します。これまでは「自分自身」への激しい欲を生きていたのが、ここからは「手の中にあるもの・獲得するもの・所有するもの」への欲が燃え始めるのです。これまで激しい情熱を生きながら、自分が一体何を求めているのかよくわからなかった人も、2024年以降は「欲しいもの」の具体的な形を見つめられるようになります。「自分」を肉眼で見ることはできませんが、「獲得・所有できるもの」は、目で見えるからです。

❋ 新しいムーブメント

2023年半ばから2024年5月末は「愛と創造の季節」です。既に年明けの段階で、素晴らしい愛の物語をどっぷり生きている人も多いはずです。クリエイティブな才能を発揮できる時でもあり、大チャンスを掴んで「ブレイク」を果たす人もいるだろうと思います。ずっと楽しんできたこと、続けてきた創作活動などで、新

境地を開拓し、一皮むける人もいるでしょう。作風が大きく変わったり、インスピレーションを得て表現手法を一変させたりする人もいそうです。この「愛と創造の季節」は約12年に一度ほど巡ってくるのですが、今回はいつにも増して変化の振り幅が大きい傾向があります。周囲がびっくりするような大成功を収める人が少なくないだろうと思うのです。

　山羊座は基本的には伝統的な文化、オーセンティック、コンサバティブといったキーワードで語られる世界観を象徴します。ですがこの時期は、非常に斬新なもの、時代の最先端をゆくようなもの、ごく個人的で突出したもの、実験的なものに心惹かれるかもしれません。あくまであなた自身の鋭いセンスに基づいて、旧態依然とした価値観を打ち壊すようなアクションを起こせる時と言えます。新しいムーブメントを巻き起こすことができそうです。

❄ 与えること、受け取ること

　5月末から2025年6月上旬は「義務・役割・責任・健康・習慣の季節」です。自分自身のニーズを満たす

こと、そして周囲の人々のニーズに応えることにスポットライトが当たっています。協力し、協力してもらうこと、ケアし、ケアしてもらうこと、サポートし、サポートしてもらうことに意識が向かいます。「助け合い」は、ギブアンドテイクとは少し違います。助けてもらったからといってすぐに相手を助けられるかというと、そうもいかないのです。相手が困ったり、助けを求めてきたりする時期がいつかやってくるのを、ある意味「待つ」必要があります。場合によってはそうした機会が巡ってこない可能性もあります。「いつか恩返しをしよう」と心に決めてサポートを受け入れても、それは「返せるかどうかわからないものを借りる」という賭けのようなものなのです。逆もまたしかりで「この人を今、助けておけば、いつか恩返ししてくれるだろう」という考えも、賭けに過ぎません。相手が恩を忘れてしまう可能性だってあるわけです。

　「無償の行為」は賞賛されます。でも、人間はそれほど強くはありません。心のどこかで見返りを期待し、賞賛や愛情を求めてしまいます。この時期のあなたはそんな心理の中で、何度か「賭けに出る」ことになるの

かもしれません。返せるかどうかわからないもの、返してもらえるかどうかわからないものの中で、敢えて与え、受け取る選択をすることになります。そのことが結果的に、あなたの人生をゆたかなものにします。賭けの結果とは関係なく、その試み自体が、あなたの人生に新しい意味を与えるのです。

｛ 仕事・目標への挑戦／知的活動 ｝

年の前半は、仕事においてアイデアや個性、才能を活かす機会が多そうです。地味な仕事においてもちょっとした工夫が脚光を浴びたり、大きな会議での発言が注目されたり、思い切って言いたいことを言って状況が一気に好転したりと、「力を出す」「本気を出す」場に恵まれる気配があります。また、ずっと好きでやってきた趣味が仕事になるなど、才能をビジネスにダイレクトに活かす人もいるかもしれません。

年の後半は「役割・義務・責任の時間」です。5月末から2025年6月上旬にかけて、異動や昇進、転職、独立など、日々担う任務の内容が大きく変わる可能性があります。この時期の転職は、たとえば新しいチャ

ンスを掴むとか、新世界に飛び込むといったイメージとは少し違います。通勤時間を短縮するとか、余暇を増やす、家族のケアをしやすくするなど、生活にまつわる条件を変えるための転職を試みる人が多いはずなのです。就労条件が変わったり、裁量の範囲が変わったりと、どちらかと言えば仕事の「細部」に変化が起こる傾向があります。

仕事の場で、必要とされ、頼られることの喜びを深く感じられるでしょう。「この人の役に立ちたい」「この人のためにひと肌脱ぎたい」といった思いから仕事にまつわるアクションを起こす人もいそうです。周囲の人々に対して自分が果たせる「役割」の本質を見つめ、仕事のあり方をチューニングできる時です。

2024年の仕事におけるチャンスは、懐かしい人間関係からもたらされるようです。馴染みの仲間、安心できる場に一度立ち戻ることで、疲労や不安を解消できそうです。

勉強については、とにかくコツコツ地道に頑張れる時期です。2026年頭頃にかけて、小さな努力を積み重ねて大きく成長していくあなたがいるはずです。発信

活動、研究活動などにおいても、地道さ、慎重さ、手堅さが求められるようです。知的活動において決して段を飛ばさず、一つ一つステップを大切に踏みしめながら階段を上っていくような時間帯です。

⌇ 人間関係 ⌇

　夏までは、どちらかと言えば個人的な人間関係にスポットライトが当たっています。身近な人と時間をかけて、丁寧にコミュニケーションを重ねていける時です。この時期の対話は、さくさく進まないほど「いい話」「重要な話」となります。大切なことは、わかりやすくはないのです。

　9月以降は外部の人々との刺激的な関わりが加速します。情熱的な人、個性的な人に出会えますし、出会った相手の意欲が自分の心に燃え移り、気がつけば一緒に熱い日々を過ごしていた、といった展開になるかもしれません。お互いにぐっと深く踏み込み合うことで、内面的な変容も起こります。こうした熱い、刺激的な人間関係の波は、2025年初夏まで続いていきます。この時期は「上手に車間距離を取る」「うまく付き合う」

といった社交術が通用しません。摩擦を起こしたり、激しくぶつかったり、競い合ったり、「やりすぎたな」と反省したり、といった場面がたくさんあります。不器用なアプローチで誤解を生んだり、相手の真意を誤解してしまったり、という展開もあるでしょう。短期的に見て「もうこの関係はだめかもしれない」と思えても、実はそうではありません。この時期の人間関係は、どんなに激しくヒートアップしたとしても、基本的に「決裂」はしない傾向があるのです。

　もし決裂するとしたら、それはあなた自身が心からそう望み、関係を絶つことが最善だと納得できている場合だけです。たとえば、ずっと離れたいのに経済的な条件など、心情とは別のしがらみがあって、苦痛の中で誰かと一緒にいた状況があったなら、この時期にそれらの条件を一つ一つ解決し、喜びのもとに晴れて離れられるはずです。

　タフな交渉事に臨む人もいれば、誰かと「真剣勝負」に挑む人もいるでしょう。粘り強く闘って、大きな勝利を収められます。相手を「打ち負かす」ような方向ではなく、最終的にいい形でしっかり握手できるよう

◇◇◇◇◇◇◇◇◇◇◇◇◇◇◇◇◇◇◇◇◇◇◇◇◇◇◇◇◇◇◇◇◇◇◇◇◇

な、前向きな着地点を見出せます。

｛ お金・経済活動 ｝

　2024年から2043年頃にかけて、一財産築く人が少なくないでしょう。非常に大きな富を生み出せる時間に入ります。お金やモノへの執着・欲が深まり、人によっては生活の全てを「お金を稼ぐこと」「欲しいものを手に入れること」に注ぎ込むような選択をする人もいるかもしれません。大きな富を築き上げた後、びっくりするような蕩尽をする人もいそうです。安定的にコツコツお金を貯めていくというよりは、「一攫千金」のようなことを目指す傾向があります。浮き沈みの多い、波瀾万丈の経済活動を乗り切って、最終的に「お金持ち」になる人もいるだろうと思います。

　この間の経済活動には、アンバランスな部分、場合によっては不健康な部分が含まれています。金銭的・物質的な欲望が過剰になってゆくのです。お金に執着するあまり、健康や人間関係を損なう道を選ぶ人もいるかもしれません。本来、そうした「他のことを全て犠牲にしてでも、お金を得る」というような選択は、望

◇◇◇◇◇◇◇◇◇◇◇◇◇◇◇◇◇◇◇◇◇◇◇◇◇◇◇◇◇◇◇◇◇◇◇◇◇

ましいものとは言えないはずです。ただ、この時期の燃えさかる深い「金銭的・物質的欲望」をなんらかの形で生きることなしには、あなたの人生の課題は残ったままになるのかもしれません。欲望をただ抑え込むのではなく、「自分の中にどのような欲があり、それをどう生きるべきか」を、ひたむきに考え続けることがまずは、重要なのだと思います。

｛ 健康・生活 ｝

2024年5月末から2025年6月上旬までは、「健康の時間」でもあり、状態が大きく好転します。これまで健康状態が思わしくなかった人、心身のコンディションについて悩みがあった人は、この期間に調子が上向きになったり、あるいは、自分に合った治療法・健康法に出会えたりするかもしれません。

生活習慣に問題を抱えていた人、働き方や身体に負担のかかる暮らし方を続けていた人は、この時期に生活を改善できます。問題を放置しておくとその問題が大きく膨れ上がり、病気やケガとしてハッキリと「表出」することになる可能性があります。特に、食生活

や過度の飲酒・喫煙、薬の濫用、空気の悪い環境に身を置くなど、「身体の中にとりこむもの」にまつわる問題がある人は、その問題がこの時期、増幅・パンクする危険があります。とはいえ、早めに対策を講じれば、決して大きな問題にはなりません。

　2008年頃から「アディクション」に悩んできた人も少なくないかもしれません。何か特定のことに強く執着したり、依存したりして、そこから抜け出したいのに抜け出せない、といった現象が起こっていたなら、2024年はその状況からの「トンネルの出口」となるかもしれません。長い間あなたの心身を縛っていたなんらかの欲望・情動が、するするとほどけ始めるような節目です。あるいは2024年中にぴったり終わるというわけではなくとも、ここから徐々に快方に向かい、数年後には完全に「悪い魔法が解けた」ような状態に立ち至れます。

◉ 2024年の流星群 ◉

「流れ星」は、星占い的にはあまり重視されません。古来、流星は「天候の一部」と考えられたからです。とはいえ流れ星を見ると、何かドキドキしますね。私は、流れ星は「星のお守り」のようなものだと感じています。2024年、見やすそうな流星群をご紹介します。

4月下旬から5月／みずがめ座η流星群

ピークは5月6日頃、この前後数日間は、未明2〜3時に多く流れそうです。月明かりがなく、好条件です。

8月13日頃／ペルセウス座流星群

7月半ば〜8月下旬まで楽しめる流星群です。三大流星群の一つで、2024年は8月12日の真夜中から13日未明が観測のチャンスです。夏休みに是非、星空を楽しんで。

10月前半／ジャコビニ流星群
（10月りゅう座流星群）

周期的に多く出現する流星群ですが、「多い」と予測された年でも肩透かしになることがあるなど、ミステリアスな流星群です。2024年・2025年は多数出現するのではと予測されており、期待大です。出現期間は10月6日〜10月10日、極大は10月8日頃です。

HOSHIORI

山羊座 2024年の愛

年間恋愛占い

♥ 愛の未来へと足を踏み入れる年

　2023年5月半ばから2024年5月末までが約12年に一度の「愛の季節」となっています。フリーの人もカップルも、その他様々な状況にある人も、総じて「愛のブレイクスルー」を感じられるような出来事が起こるでしょう。愛の問題が解決し、新しく前向きな関係に入れます。愛の未来を信じられる年です。

{ パートナーを探している人・結婚を望んでいる人 }

　2023年後半から2024年5月末は「愛の季節」です。ゆえに、愛を探している人はこの時期、きっと願いを叶えられるでしょう。この時期の愛には意外性が詰まっています。突然の出会い、一目惚れ、電撃結婚など、周囲があっと驚くような展開になりやすいのです。山羊座の人々は基本的に、慎重で堅実と言われますが、この時期の愛の世界ではそれは当てはまりません。果断にして大胆、思い切ったアクションを起こせるはずです。年の後半は9月以降、非常に「熱い」時間となっています。刺激的な出会い、情熱的な関わりが生まれ

やすい時です。ただ、この時期は「勢いで」付き合う、という形になりやすいかもしれません。また、フィジカルな交渉が先行し、納得のゆく人間的な繋がりを結ぶことが後回しになる気配も。長期的に安定したパートナーシップを望んでいる人にとっては、少々リスクの大きい時間と言えそうです。かなりフライングになりますが、2025年6月からの1年は「パートナーシップの時間」となっています。ゆえに、たとえば2024年に衝撃的な出会いがあり、そこから色々あって2025年から2026年頃にパートナーシップを結ぶ、といった展開になる可能性も考えられます。

｛ パートナーシップについて ｝

　2023年半ばから2024年5月末にかけての「愛の季節」は、既にパートナーがいる人にも当てはまります。パートナーとの関係がいつにも増して、キラキラした愛に満ちたものとなるでしょう。倦怠期気味だった人も愛の復活を感じられるかもしれません。何か突発的な、意外な出来事が起こり、それをきっかけにお互いの大切さを再確認させられるのかもしれません。特別

なデートや旅行などを企画・演出し、ロマンティックな時間を過ごすことで、関係がぐっと深まるかもしれません。意志と工夫、行動が重要です。

　9月から2025年6月半ばは、パートナーシップに熱がこもります。情熱的、官能的な時間を過ごせそうです。一方、その「熱」が勢い余って衝突やケンカに発展する人もいるかもしれません。あるいは、パートナーとライバルのような関係になり、互いに神経を尖らせて競い合うことになる人もいるかもしれません。大切なのはケンカや競争で相手に勝つことではなく、あくまで愛し合うことであるはずです。その本質をお互いに見失わなければ、衝突はむしろ「膿を出す」ような、前向きな意味を持つでしょう。

{ **片思い中の人・愛の悩みを抱えている人** }

　年の前半は「愛の季節」で、愛の悩みについてもいい意味でブレイクスルーが起こりそうな時間となっています。何か目新しい展開が突発的に起こる可能性があります。おそらく望ましい形で、状況が変わります。少なくとも「何も変わらない、ずっと同じ状態」には

ならないはずなのです。自分から行動を起こせばおそらく、ハッキリした新展開が望めます。未来に向かって大きく一歩踏み出し、愛の扉を開くことができます。この時期のあなたの中には、愛の世界である種の「破壊衝動」が起こる気配があります。膠着状態に苦しみ続けるくらいなら、全部ぶち壊してみよう！といった発想が浮かぶのです。そして、その方針は概ね、望ましい結果に繋がってゆくようです。さらに9月から11月頭、2025年1月から4月半ばは、摩擦や衝突の時間となっています。思い切って真剣勝負を挑み、状況を変えられる時です。熱い交渉を重ねて望む結果を掴む人もいるでしょう。

｛ 家族・子育てについて ｝

　家族については、比較的穏やかな年となりそうです。2023年前半までに始まったことを定着させていく、根を下ろしていくプロセスが展開するでしょう。とはいえ、家の中や身近な場所に新しいことがポツポツと起こる気配もあります。身近なところに色々な出会いがあり、出会いをきっかけに生活の形が変化し始める年です。

子育てについては、2023年半ばから2024年5月末まで、目新しいことがたくさん起こる、特別な時間となっています。子供と過ごす時間が非常にゆたかなものになるでしょうし、あなた自身が子育てを通して、自分の個性、特性、才能などに気づかされるかもしれません。子育て中の人の多くが、他の子供と自分の子供を比較しがちになるようですが、この時期の比較は全く意味がなさそうです。なぜならあなた自身が無意識に持つ物差しが、あなたの個性そのものでできているからです。

❪ 2024年　愛のターニングポイント ❫

　2023年半ばから2024年5月末まで、全体が「愛の季節」になっています。強い愛の追い風が吹き続けます。さらに6月半ばから7月半ば、11月半ばから12月頭にもドラマティックな進展が期待できる時です。

　9月から11月頭は良くも悪くも「熱い」時期となっています。情熱をぶつけ合う人もいれば、ケンカ気味になる可能性もありますが、粘り強く関わりたい時です。

山羊座　2024年の薬箱

もしも悩みを抱えたら

❖ 2024年の薬箱 ～もしも悩みを抱えたら～

　誰でも日々の生活の中で、迷いや悩みを抱くことがあります。2024年のあなたがもし、悩みに出会ったなら、その悩みの方向性や出口がどのあたりにあるのか、そのヒントをいくつか、考えてみたいと思います。

◆「弱くなる勇気」で、強くなる

　今まで執着していたもの、こだわっていたことなどを、今年「リリース」しなければならないかもしれません。なにかしら「手放す」ものがあるのです。手放す瞬間までは悩み、迷うかもしれませんが、手放してしまえばスッキリして、後悔することはほぼ、ないでしょう。特に、プライドや信念、優越感など、精神的なこだわりを手放す必要がある人は、かなり大きな苦しみを感じることになるかもしれません。鎧を脱ぎ捨てる恐怖のようなものを感じる人もいるでしょう。ただ、脱ぎ捨ててしまえば全く違う世界がそこに広がります。「弱くなる勇気」を持つことで、結果的に、より強くなれます。

◆学ぶほど増す、手応えと謙虚な気持ち

　「知性」にまつわる悩みを2023年から抱いている人もいそうです。自分の知識のなさに自信喪失したり、「これからいくら勉強しても、追いつかない」という絶望を感じたりする人もいるでしょう。ただ、2023年からそうした不安や悩みをはねのけるべく、コツコツ頑張ってきたなら、2024年は先に進むほど、だんだん光が見えてきます。「だんだんわかってきた」という手応えと、学べば学ぶほど「わからないことばかりだ」という謙虚さが、あなたの心を強く支えるようになるのです。学ばない時の「知」への不安と、学んでからの謙虚さは、全く別物です。

◆ぶつかることを恐れない

　9月から11月頭、誰かと大ゲンカすることになるかもしれません。思い切ってぶつかり、決裂しても、2025年年明けから再度ぶつかり合えます。真剣勝負を。

2024年のプチ占い（牡羊座〜乙女座）

牡羊座（3/21-4/20生まれ）

特別な縁が結ばれる年。特に春と秋、公私ともに素敵な出会いがありそう。年の前半は経済活動が熱く盛り上がる。ひと山当てる人も。年の半ば以降は、旅と学び、コミュニケーションの時間へ。成長期。

牡牛座（4/21-5/21生まれ）

約12年に一度の「人生の一大ターニングポイント」が5月末まで続く。人生の転機を迎え、全く新しいことを始める人が多そう。5月末以降は、平たく言って「金運の良い時」。価値あるものが手に入る。

双子座（5/22-6/22生まれ）

大きな目標を掲げ、あるいは重大な責任を背負って、ひたむきに「上を目指す」年。5月末からは素晴らしい人生のターニングポイントに入る。ここから2025年前半にかけ「運命」を感じるような出来事が。

蟹座（6/23-7/23生まれ）

夢と希望を描く年。素敵な仲間に恵まれ、より自由な生き方を模索できる。新しい世界に足を踏み入れ、多くを学べる年。9月から2025年春にかけて「自分との闘い」に挑む時間に入る。チャレンジを。

獅子座（7/24-8/23生まれ）

大活躍の年。特に5月末までは、仕事や対外的な活動において素晴らしい成果を挙げられる。社会的立場がガラッと変わる可能性も。独立する人、大ブレイクを果たす人も。11月以降も「勝負」の時間。

乙女座（8/24-9/23生まれ）

冒険と成長の年。遠い場所に大遠征を試み、人間的に急成長を遂げる人が多そう。未知の世界に思い切って足を踏み入れることになる。5月末以降は大活躍、大成功の時間へ。社会的立場が大きく変わる。

（※天秤座〜魚座はP96）

山羊座 2024年 毎月の星模様

月間占い

◆ 星座と天体の記号

　「毎月の星模様」では、簡単なホロスコープの図を掲載していますが、各種の記号の意味は、以下の通りです。基本的に西洋占星術で用いる一般的な記号をそのまま用いていますが、新月と満月は、本書オリジナルの表記です（一般的な表記では、月は白い三日月で示し、新月や満月を特別な記号で示すことはありません）。

♈：牡羊座	♉：牡牛座	♊：双子座
♋：蟹座	♌：獅子座	♍：乙女座
♎：天秤座	♏：蠍座	♐：射手座
♑：山羊座	♒：水瓶座	♓：魚座
☉：太陽	●：新月	○：満月
☿：水星	♀：金星	♂：火星
♃：木星	♄：土星	♅：天王星
♆：海王星	♇：冥王星	
℞：逆行	Ð：順行	

◆ 月間占いのマーク

　また、「毎月の星模様」には、6種類のマークを添えてあります。マークの個数は「強度・ハデさ・動きの振り幅の大きさ」などのイメージを表現しています。マークの示す意味合いは、以下の通りです。

　マークが少ないと「運が悪い」ということではありません。言わば「追い風の風速計」のようなイメージで捉えて頂ければと思います。

★彡	特別なこと、大事なこと、全般的なこと
✊	情熱、エネルギー、闘い、挑戦にまつわること
🏠	家族、居場所、身近な人との関係にまつわること
¥	経済的なこと、物質的なこと、ビジネスにおける利益
✏️	仕事、勉強、日々のタスク、忙しさなど
♥	恋愛、好きなこと、楽しいこと、趣味など

1

JANUARY

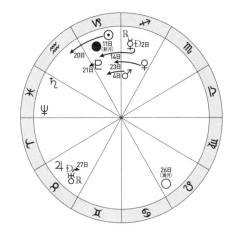

◆**のびのびと勝負できる年明け。**

熱い勝負の季節です。自ら手を挙げ、周囲を巻き込んで新たな
チャレンジに挑む人が少なくないでしょう。不思議とこの時期
は「パワーを出しやすい」「自分を抑えずに、自然に前に出られ
る」感じがあるかもしれません。のびのびと自信を持って挑戦
できる年明けです。月の後半は説明責任を大切に。

◆**優しさ、喜び、救い。**

この時期の楽しみは「一人の時間」の中に詰まっているかもし
れません。密かにホクホクしながら自分だけの喜びに満たされ
る、という時間をゆたかに持てそうです。また、誰かとの助け
合いの中に深い満足を感じる人もいるでしょう。山羊座の人々

は基本的に「力・強さ」を重んじる傾向がありますが、この時期は自他の弱さに対して深い優しさを注ぐことができます。誰かのサポートを受けることも、喜びとして素直に受け取ることができる時です。後悔の種が消える場面も。

◆「重力」からの解放。　　　　　　　　★彡★彡★彡

月の下旬、翼が生えたような、軽やかで自由な気持ちになれそうです。2023年の中でも何度かそんな思いを感じたかもしれませんが、より強い形で「解放」の感覚が降りてきます。強い重力から解き放たれ、「目覚め」を感じるような瞬間です。

◆愛する心は、とてもデリケート。　　　　　♥ ♥

2024年前半は丸ごと「愛の時間」ですが、1月の愛はとてもデリケートです。できるだけ第三者の好奇の目に触れさせないよう、二人だけの世界で愛を大切に育てたい時間帯です。不思議と思い出話をしたくなりそうですが、うっかりお互いの心を傷つけるような話にならないよう、気をつけて。

▶▶ 1月 全体の星模様 ◀◀

12月半ばから射手座で逆行中の水星が2日、順行に戻ります。コミュニケーション上の問題、遠方とのやりとりや移動の問題が解決に向かうでしょう。とはいえ月の半ばまでは、流言飛語の危険も。火星は山羊座で力を増し、権力闘争が煽られます。21日、昨年3月以来二度目の冥王星水瓶座入り、時代の大きな節目に。ただし冥王星の水瓶座入り完了は11月20日、まだ中間地点です。

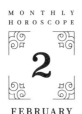

MONTHLY HOROSCOPE

2 FEBRUARY

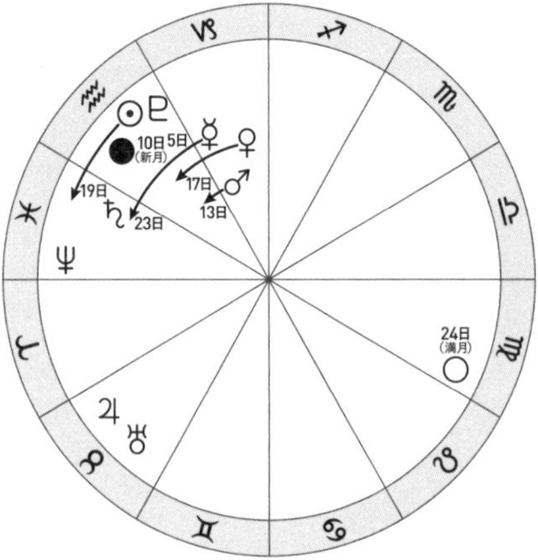

◈情熱の赴くままに。

月の前半はとてもアクティブで楽しい時間となっています。新しいことにチャレンジする人、かねてからやってみたかったことに着手する人、愛の大波に飛び込んでいく人もいるでしょう。月の半ばを過ぎると少し状況が落ち着くものの、今度は「欲望」に火がつきそうです。経済的な追い風も。

◈すぐに芽が出る種子。

10日前後、経済活動に新しい展開が起こりそうです。ここから始まったことは月の後半に向かって、一気に拡大・発展していくでしょう。このタイミングで蒔いた種からすぐに芽が出てゆたかに実る、という展開もあり得ます。24日前後、意外なとこ

ろからサポーターや味方が現れそうです。遠くから応援のメッセージが届いたり、弁護してくれるタフな理解者が登場したりと、「頼りになる人」に恵まれる気配があります。知的活動に取り組んでいる人には、素敵なチャンスが。

◈「好き嫌い」の重要性。

17日までは素晴らしい愛の追い風が吹き続けます。愛についてどこまでも積極的に行動したい時です。月の後半は、たとえば、食べものや物事の「好き嫌い」が一致することがきっかけで付き合い始める人は少なくありません。一方、「価値観の違い」で離別するカップルもたくさんいます。ある種のセンス、価値観、物事の感じ方が一致するかどうかは、愛を営む上で非常に重要なポイントです。この時期、そうしたきっかけで愛を見つける人もいるでしょう。また、既にパートナーがいる人も、お互いの価値観の一致や相違について、新たな発見ができるかもしれません。好きなもの、好きなことをする時間を共有することから、愛が育ちます。

》》 **2月 全体の星模様** 《

火星は13日まで、金星は17日まで山羊座に滞在します。2022年の1月から3月頭に起こった出来事をなぞるような、あるいは明確にあの頃の「続き」と感じられるような出来事が起こるかもしれません。さらに月の半ばを過ぎて、社会的に非常にビビッドな転換点が訪れるでしょう。冥王星に火星、金星が重なり、人々の「集合的無意識」が表面化して大きな潮流が生じます。

3

MARCH

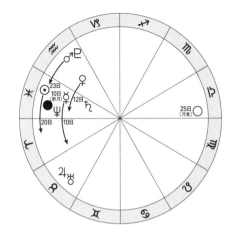

◆**欲望と闘志の結合。** ¥ ¥ ¥

経済活動が新しいフェーズに入ります。普段とはケタが一つ二つ違うような金額を扱うことになったり、非常に大きなものを購入したりする人もいるはずです。また、かつてなく物欲他の欲望が燃え上がり、「どんなに手間がかかっても、絶対にこれを手に入れる！」と決意する人もいるでしょう。

◆**上旬の誤解は、中旬以降に解消する。** ★

月の上旬はコミュニケーション上の混乱があるかもしれません。話が噛み合わなかったり、話の前提がそもそも違っていたり、誤解が生じたりする気配があります。人間の対話は様々な想像や想定のもとに行われますが、3月上旬はそうした想像が膨らみ

やすく、結果、お互いの「思いの違い」が際立つのです。10日以降、こうした行き違いはきれいに解消されます。コミュニケーションに好意や情愛が満ちて、お互いの善意を確認し合えます。素敵な旅に出る人も。

◆月末の「大成功」。

10日前後、素晴らしい朗報が飛び込んできます。心を一気に開かれるような言葉を受け取れます。25日前後には、仕事や対外的な活動の場で、実質的な、大きな成果を挙げられます。

◆月の半ば以降、愛の対話の季節。

5月まで雄大な「愛の季節」の中にあります。3月は特に中旬から愛のコミュニケーションが盛り上がります。カップルはとにかく会話が増えそうですし、フリーの人も話しかけたり、話しかけられたりの嬉しいラリーが続くでしょう。何気ない雑談の中に、愛を発見できる時です。上旬にちょっとした言葉の行き違いがあっても、中旬以降に和解できます。

》》 3月 全体の星模様 《

火星が冥王星と水瓶座に同座し、非常に鉄火な雰囲気が漂います。2023年頃から静かに燃え始めた野心が、最初のハッキリした「発火」を起こしそうです。月の上旬は水星が魚座に位置していて、コミュニケーション上の混乱が起こりやすいかもしれません。10日を境にその混乱がすうっと収まり、かわってとても優しい愛が満ちてきます。共感と信頼、救済の力を感じられます。

4

APRIL

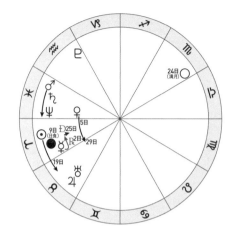

◆ケンカでは、相手に逃げ場を。

熱いコミュニケーションの時です。議論や討論でガンガン発言
し、話の主導権を握れます。ややこしい交渉や相談事も、力で
ねじ伏せるように勝利を収められるでしょう。ただ、今のあな
たは少々手厳しくなりがちです。言いたいことを引っ込める必
要はありませんが、相手にも逃げ場を作ってあげて。

◆「ダラダラ、ゴロゴロ」の効能。

「家でダラダラする」時間が増えるかもしれません。たとえば休
日に「今日こそは片づけて掃除するぞ!」と意気込んでいたの
に、気がつけばゴロゴロするだけで終わってしまった、といっ
た展開になりやすいのです。ただ、今はそうした時間がむしろ、

あなたの心身に必要なのかもしれません。プライベートにおいて「やるぞ！」と決めたことを成し遂げられなくても、過剰に自分を責める必要はなさそうです。

◈「身内」のための有意義な時間。　　　🏠🏠

身近な人のためにじっくり時間を使う時です。大切な人のサポートのために、自分の前進を止めることも、時には大切です。寄り添って過ごす時間それ自体に意義があります。

◈「甘えすぎ」に気をつけたい時。　　　🖤🖤

雄大な愛の季節の中にありますが、日常的なコミュニケーションや普段の「親密さ」のコントロールが少々難しいかもしれません。愛情表現のつもりで強すぎる言葉を使い、すれ違ってしまったり、相手の存在に甘えすぎて関係が緊張したりと、ちょっとした問題が起こりやすいのです。とはいえ、月末以降にしっかりリカバリできます。「やりすぎたな」「言いすぎたな」と思ったら、ひとまず、すぐに謝って。

▷▷ 4月 全体の星模様 ◁◁

水星が牡羊座で逆行し、そこに金星が重なります。これは、混乱や緩みが感じられる配置です。年度替わりに「スタートダッシュ！」と意気込んでも、なぜかもたもた、ノロノロするかもしれません。先を急がずどっしり構えることがポイントです。魚座で土星と火星が同座し、ある種の手厳しさが強調されています。不安が反転して怒りが燃え上がるような、「逆ギレ」的展開も。

5

MAY

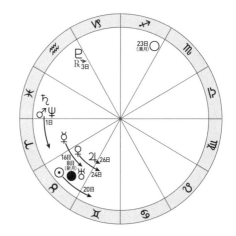

◆ **目いっぱい弾ける、最高潮の喜び。**

2023年5月からの「愛と創造の時間」が、最も盛り上がる最終
局面を迎えます。たとえば過去1年ほどかけて制作してきた作
品が完成し、お披露目するようなタイミングです。「自分史上最
高傑作」ができあがります。遊びや趣味などの活動においても、
目指した場所に辿り着ける時です。思い切り弾けて。

◆ **家族や身近な人との、熱いぶつかり合い。**

居場所が動く時です。引っ越しや模様替えなど、生活環境が物
理的にガラッと変わる気配があります。また、家族や身近な人々
との間に、熱いコミュニケーションが発生するかもしれません。
普段ガマンや辛抱が多い人ほど、この時期は自分でもびっくり

するほど熱いパッションをぶつけることになるようです。家族同士で「膿を出す」ような対話を重ね、風通しの良い関係を再構築できるでしょう。23日前後、密かに困っていたことがパッと解決に向かうかもしれません。身近な誰かが意外な救いの手を差し伸べてくれる時です。

◆星々の後押しの「絶頂期」。

過去1年ほどの「愛の時間」がクライマックスに到達します。星々があなたの愛を全力で後押ししてくれています。愛にまつわるどんな願いでも叶いそうです。この「愛の時間」は20日から26日を境に、一段落します。5月上旬から中旬、突然恋人を見つける人、パートナーを得る人もいるでしょう。既にパートナーがいる人も、後で何度も思い返せるような素晴らしい愛の時間を過ごせそうです。愛を探している人は、是非自分からアクションを起こしてみて。少し行動を起こしただけで、素晴らしいチャンスを掴めるはずです。幸福の青い鳥は、意外に近い場所に見つかります。

≫≫ 5月 全体の星模様 ≪

牡牛座に星々がぎゅっと集まり、2023年5月からの「牡牛座木星時間」の最終段階に素晴らしい彩りを添えます。約1年頑張ってきたことがここで、非常に華やかな形で「完成」しそうです。牡牛座は物質・お金の星座であり、社会的には経済や金融などの分野で大変化が起こる可能性があります。20日から26日にかけて星々は順次双子座へ移動し、新しい時間が幕を開けます。

6

JUNE

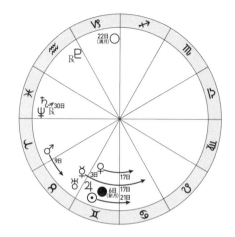

◆**元気になれる生活。**

「生活を創る」時です。新しい生活習慣を導入したり、日常的に使うアイテムを刷新したり、生活の時間割をドラスティックに変えたりする人もいるでしょう。自分の心身の現状を丁寧にチェックし、不調や辛さを改善するための様々な策を講じられる時です。「元気になる」を目標に、色々試してみて。

◆**情熱的に打ち込む。**

好きなことに情熱を注げる時です。やりたいこと、創造的な活動、趣味や遊びに真剣に取り組めます。クリエイティブな仕事に携わっている人は、この時期、かなり思い切った挑戦ができるかもしれません。5月末までに一つの大きな結果を出した後、

「その先」の扉が開く可能性もあります。

◈努力が報われ、価値あるものが手に入る。 ★

22日前後、特別な出来事が起こりそうです。特に、人間関係において、または経済活動において、努力が報われそうです。

◈何度もトライすると、道が開かれる。 ♥♥♥

右肩上がりにボルテージが上がります。9日以降、素晴らしい情熱の季節となります。愛を探している人はここから7月中旬にかけて、「当たって砕けろ」の精神でぶつかっていけば、きっと愛を見つけられます。「下手な鉄砲も数打ちゃ当たる」という諺（ことわざ）がありますが、何度か失敗しても「心が折れた」と諦めてしまうと、この時期はもったいないのです。何度もチャレンジしているうちに、自分の闘い方の欠点がわかり、対策を見つけられる可能性もあります。とにかく場数を踏んでみて。17日以降はさらに、キラキラの愛の季節です。カップルもフリーの人も、幸福を掴めそうです。

6月 全体の星模様

双子座入りした木星に、水星、金星、太陽が寄り添い、ゆたかなコミュニケーションが発生しそうです。どの星もにぎやかでおしゃべりな傾向があり、あらゆる立場の人が一斉にしゃべり出すような、不思議なかしましさが感じられるでしょう。17日、水星と金星が揃って蟹座に抜けると、騒々しさは少し落ち着くかもしれません。全体に「流言飛語」「舌禍」に気をつけたい時間です。

7

JULY

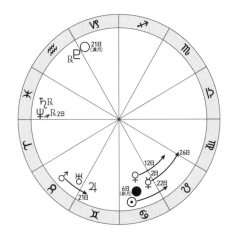

◇**突飛なことをやってみる。**　

情熱と創造の季節です。21日までやりたいことにガンガン取り組めますし、勇気を出して新しいことに挑戦し「一皮むける」人も多いでしょう。普段は保守的な人も、この時期は思い切ってとんがったこと、実験的なことをしてみたくなるはずです。未経験の領域に斬り込んで、結果を出せます。

◇**素敵なギフトを受け取れる。**　

経済活動に柔らかな追い風が吹きます。欲しいなと思っていたものを誰かが持ってきてくれたり、臨時収入が入ったりと、意外な嬉しい出来事が起こるでしょう。特に頼んだわけではないのに「良くしてもらえる」場面の多い時です。人の好意をスト

レートに受け取ることで、状況が好転します。

◆ **実力を発揮する機会が増える。**

21日を境に、一気に忙しくなります。あちこちから出動要請を受けたり、重要な役割を任されたりと、頼られ必要とされる場面が増えます。難しそうな作業でも、やってみたら意外と「自分に向いている」とわかるかもしれません。

◆ **チャンスの多い、熱い時期。**

引き続き、情熱的な時間の中にあります。特に中旬までは、攻めの姿勢でガンガン動いてみたいところです。魅力的な人に出会えますし、関係を深めることが比較的容易な時です。カップルは月の上旬、キラキラした時間を過ごせるでしょう。お互いの意外な面を見せ合って、より自由に関われるようになるかもしれません。格好つけていた部分、隠していた部分を解放できそうです。オープンに。6日前後、21日前後にドラマティックな進展の気配が。

7月 全体の星模様

牡牛座の火星が天王星に重なり「爆発的」な雰囲気です。特に経済活動に関して、驚きの変化が起こりそうです。蓄積されてきたエネルギーに火がつく節目です。21日、火星は木星が待っている双子座に入ります。この21日は今年二度目の山羊座の満月で、水瓶座に移動完了しつつある冥王星と重なっていて、こちらも相当爆発的です。世の中がガラッと変わるような大ニュースも。

8

AUGUST

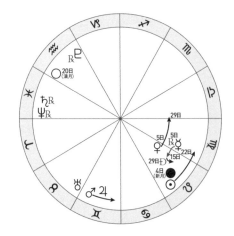

◆自分に合った生活に改造する。

「生活改造」の時です。暮らし方や働き方を見つめ直し、根本的な問題解決に取り組めます。特に、無理な働き方を続けている人、合わない環境に身を置いている人は、ここで転職や引っ越しなど、思い切った方向転換のアクションを起こすことになるでしょう。ひたすら多忙な日々を過ごす人も。

◆再び訪れることの意義。 ★彡★彡

「復習」の時間です。過去に学んだことをもう一度おさらいしたり、人に教えるために基本的なことを確かめたりする中で、今の自分に足りない部分に気づかされるかもしれません。十分わかっているつもりのことほど、学び直して新たな発見がありま

す。また、懐かしい場所を再訪する機会に恵まれそうです。夏休みの旅行も初めての場所ではなく、二度目、三度目の場所に妙味がありそうです。

◆経済的な「進展」。

4日前後、とても役に立つものを譲ってもらえるかもしれません。20日前後は経済活動に驚きの進展がありそうです。

◆「想定外」を味方につけたい。 🖤🖤

柔らかな追い風が吹きます。知的好奇心を持つこと、新しい世界に興味を持つことがそのまま、愛の入り口になるかもしれません。同じ興味を持つ人や同じテーマについて学ぶ仲間の中から、恋人が見つかります。カップルも、ともに学んだり、一緒に旅をしたりする中で愛が育つようです。ただ、この時期は星座を問わず、物事が予定通りになりません。スケジュール変更や想定外の展開にどれだけ懐深く対応できるかで、愛のドラマの展開が変わります。

≫≫ 8月 全体の星模様 ≪

双子座に火星と木星が同座し、あらゆる意味で「熱い」時期となっています。荒ぶるエネルギーが爆発するようなイメージの配置で、普段抱えている不満や問題意識がはじけ飛んだようなアクションを起こせそうです。徹底的な交渉の上で要求を通せます。一方、5日から29日まで水星が乙女座－獅子座にまたがって逆行します。金星も重なっていて、少々グダグダになる雰囲気も。

9

SEPTEMBER

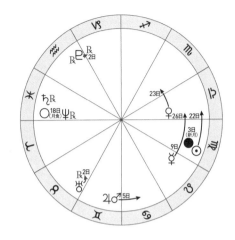

◆**キラキラのチャンス。**

素敵な活躍期です。ステージの中央でスポットライトを浴び、喝采を受けるような展開になるかもしれません。憧れの人から褒められたり、ずっとやりたかった仕事に挑戦できたりと、純粋に「嬉しい!」と思えるような出来事が起こりやすい時です。チャンスが来たら遠慮せず、楽観的に前に出て。

◆**健康上の問題が解決へ。**

健康上の問題を抱えていた人は、5日頃までに解決しそうです。心身のコンディションが上向きになり、悩みから解放されます。また、過労で体調を崩しがちだった人も、忙しすぎる状況から抜け出して、調子を上向きにできる時です。ワーカホリックを

解消するために、周囲も力を貸してくれます。

◆勝負の時は「知」が力に。

人間関係に熱がこもります。タフな交渉に臨む人、誰かと正面からぶつかる人もいるでしょう。この時期は変に手加減せず、全力でぶつかってみたいところです。知識と情報は今、最強の武器となります。事前の準備を心がけて。

◆「熱」の使い方に気をつける。

熱い時間です。ここから11月頭にかけて、情熱的な愛のドラマが展開しそうです。出会いを探している人は特に「当たって砕けろ」で結果が出ます。一度や二度の失敗で諦めず、何度も粘り強く挑戦を。場数を踏む中で人間関係のスキルが磨かれ、結果的に大きなチャンスを掴めます。カップルは情熱的に愛し合える時です。ただ、勢い余って大ゲンカ、といったことにもなりやすい気配が。特に、パートナーに競争心を抱きがちな人は、望まないヒートアップに気をつけて。

》 9月 全体の星模様

双子座で木星と同座していた火星が蟹座に抜け、ヒートアップした雰囲気が一段落します。金星は既に天秤座に「帰宅」しており、水星も順行に戻って9日から乙女座入り、オウンサインです。水星も金星も自分の支配する星座で、その力がストレートに出やすいとされる配置になります。コミュニケーションやビジネス、交渉や人間関係全般が、軌道修正の流れに乗ります。

10

OCTOBER

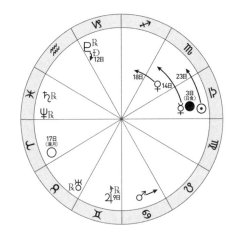

◆**熱さと粘り強さと。** 👊👊👊

熱い人間関係の時間です。誰かと「真剣勝負」を続けている人が多そうです。11月頭にかけて、全力でガンガンぶつかって得るものがあるでしょう。「当たって砕けろ」の精神も大切ですが、懇々(こんこん)と説得を続けるような粘り強いスタンスも、この時期は大きな武器となります。持ち前の胆力を活かして。

◆**「うまくいく」という楽観的見通し。**

3日前後、特別なミッションがスタートするかもしれません。不思議な縁を得て、念願のポジションに就く人も。「少し難しいかな」と思えるオファーも、取り組んでみれば意外なほどしっくりくるようです。ライバルの存在が活躍の起爆剤になる気配も。

普段どちらかと言えば悲観的な人も「たぶんうまくいく」という楽観で、いい流れを作れます。

◈ 人から好かれる。

人と「真剣勝負」する中で、不思議と味方に恵まれる時期でもあります。「人気が出る」気配も。人から好かれる時です。

◈ 信頼の根拠となるもの。

引き続き、愛の世界にも熱が渦巻いています。お互いに情熱をぶつけ合える、とてもゆたかな時間となるでしょう。ただし、真剣だからこそ言葉がきつくなったり、不安が高じて攻撃的になってしまったりする危険も。ただ、物事をごく広く長い目で見つめれば、この時期起こっていることはかなり前向きなことだとわかるかもしれません。客観的な視野に立つこと、友情や信頼といった観点で相手を捉え直すことが、無用の衝突を回避するカギになるようです。愛を探している人は、交友関係の広がりの中から出会いが。

≫≫ 10月 全体の星模様 ≪

引き続き、火星が蟹座に位置し、金星は蠍座に入っています。太陽は天秤座で、これらの配置は全て「ちょっと変則的な面が出る」形とされています。エネルギーが暴走したり、タイミングがズレたりと、想定外の展開が多そうですが、そうしたはみ出る部分、過剰な部分がむしろ、物事の可能性を広げてくれます。3日は天秤座での日食、南米などで金環日食が見られます。

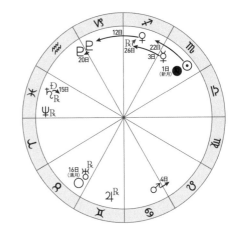

◆長い灼熱の時代を抜ける。　　　　　　　　★彡★彡

すうっと落ち着いた気持ちになれそうです。今まで熱に浮かされたような状態だった、と気づく人もいるでしょう。長い間心に渦巻いていた炎が沈静化した時、全く新しい世界がまわりに広がっているのがわかるかもしれません。2008年頃から根深い悩みを抱えていた人は、今月がトンネルの出口です。

◆熱烈オファーが、才能発見のきっかけに。　　¥¥¥

経済活動がここから一気に盛り上がります。欲しいものを手に入れるために精力的にアクションを起こす人が少なくないでしょう。また、「もっと大きな経済力が欲しい」という思いが湧き上がり、手に職をつけるために動き出すなど、かなり根本的な、

54

長期的な流れに乗れるかもしれません。才能を見出される人、「この特技は仕事になる」と気づく人もいそうです。特にこの時期は、人からの提案やプッシュ、オファーなどが、自分の才能に気づくきっかけになる気配が。

◆未来を指し示す対話。

1日前後、とても大事な話をすることになるかもしれません。ここでの相談や交渉から、次に進むべき道が決まります。

◆仲直りの時間。

9月頃からパートナーと衝突しがちだった人は、今月に入ると仲直りできそうです。こだわりや苛立ちがすうっと収まり、かわってあたたかな優しい愛が心に湧き上がるでしょう。相手に優しくしたいという気持ちが自然に、態度に表れます。16日前後、素晴らしい愛の進展が起こりそうです。突然相手が心を開いてくれるかもしれません。出会いを探している人には、ここで電撃的なチャンスが。

▶▶ 11月 全体の星模様 ◀

火星は4日から1月6日まで獅子座に滞在し、さらに逆行を経て2025年4月18日から6月17日まで長期滞在します。2025年半ばまでの中で、二段階にわたる「勝負」ができる時と言えます。射手座の水星と双子座の木星は、互いに支配星を交換するような「ミューチュアル・リセプション」の位置関係になります。錯綜するニュースがセンセーショナルに注目されそうです。

12

DECEMBER

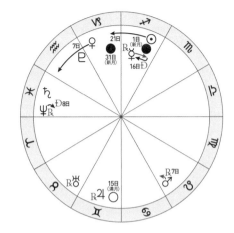

◆問題解決のカギを、過去に求める。

過去に遡るような時間です。この時期は星座を問わず、振り返りや再会が起こりやすい時なのですが、特に山羊座の人々にとってはガッチリ「過去に戻る」ような出来事が起こるようです。タイムマシンに乗って、忘れ物を取りにいけます。根本的な問題解決へのカギを、過去から取り戻せます。

◆自分のために稼ぎ、使う。 ¥ ¥ ¥

経済活動に勢いが出てきます。爽やかな追い風が吹き、稼ぐほうも使うほうも振り幅が大きくなります。折しも年末年始で、普段よりも出費の多い時期ですが、今年は特に「自分のために稼ぐ・使う」という意識が強まるかもしれません。誰かにギフト

を買うような場面でも、自分が好きなもの・愛するものを贈る、という思いが強くなりそうです。

◆ 年末ギリギリの朗報。　　　　　　　　★彡★彡

1日前後、誰かがふとサポートの手を差し伸べてくれそうです。意外な人が助けてくれます。大晦日前後は特別なスタートラインに立つ人も。年末ギリギリに意外な朗報が入ります。

◆ 自分の「欲」をハンドリングする。　　　♥　♥

7日まではキラキラの愛の追い風が吹きます。フリーの人もカップルも、素晴らしい時間を過ごせるでしょう。さらに12月を通して、非常に官能的な時間でもあります。「欲望」が多方面に向かって昂進する時で、色々なものが欲しくなりますし、パートナーへのニーズも高まるでしょう。相手に対して何を求めるか、どこまで求めていいのか、ということを丁寧に考えておけば、無意識にワガママをぶつけて敬遠される、といった展開を避けられます。

》》 12月 全体の星模様 《

水星は16日まで射手座で逆行します。「流言飛語による混乱」を感じさせる形です。コミュニケーションや交通機関にまつわる混乱が起こりやすいかもしれません。火のないところにウワサが立って大きくなる時なので「舌禍」に気をつけたいところです。水瓶座入りしたばかりの冥王星に、獅子座の火星が180度でアプライ（接近）します。欲望や戦意が荒ぶる高揚を見せそうです。

HOSHIORI

月と星で読む
山羊座 366日のカレンダー

◆月の巡りで読む、12種類の日。

　毎日の占いをする際、最も基本的な「時計の針」となるのが、月の動きです。「今日、月が何座にいるか」がわかれば、今日のあなたの生活の中で、どんなテーマにスポットライトが当たっているかがわかります（P.64からの「366日のカレンダー」に、毎日の月のテーマが書かれています。☽マークは新月や満月など、◆マークは星の動きです）。

　本書では、月の位置による「その日のテーマ」を、右の表のように表しています。

　月は1ヵ月で12星座を一回りするので、一つの星座に2日半ほど滞在します。ゆえに、右の表の「○○の日」は、毎日変わるのではなく、2日半ほどで切り替わります。

　月が星座から星座へと移動するタイミングが、切り替えの時間です。この「切り替えの時間」はボイドタイムの終了時間と同じです。

1. **スタートの日**：物事が新しく始まる日。
「仕切り直し」ができる、フレッシュな雰囲気の日。

2. **お金の日**：経済面・物質面で動きが起こりそうな日。
自分の手で何かを創り出せるかも。

3. **メッセージの日**：素敵なコミュニケーションが生まれる。
外出、勉強、対話の日。待っていた返信が来る。

4. **家の日**：身近な人や家族との関わりが豊かになる。
家事や掃除など、家の中のことをしたくなるかも。

5. **愛の日**：恋愛他、愛全般に追い風が吹く日。
好きなことができる。自分の時間を作れる。

6. **メンテナンスの日**：体調を整えるために休む人も。
調整や修理、整理整頓、実務などに力がこもる。

7. **人に会う日**：文字通り「人に会う」日。
人間関係が活性化する。「提出」のような場面も。

8. **プレゼントの日**：素敵なギフトを受け取れそう。
他人のアクションにリアクションするような日。

9. **旅の日**：遠出することになるか、または、
遠くから人が訪ねてくるかも。専門的学び。

10. **達成の日**：仕事や勉強など、頑張ってきたことについて、
何らかの結果が出るような日。到達。

11. **友だちの日**：交友関係が広がる、賑やかな日。
目指している夢や目標に一歩近づけるかも。

12. **ひみつの日**：自分一人の時間を持てる日。
自分自身としっかり対話できる。

◆太陽と月と星々が巡る「ハウス」のしくみ。

　前ページの、月の動きによる日々のテーマは「ハウス」というしくみによって読み取れます。

　「ハウス」は、「世俗のハウス」とも呼ばれる、人生や生活の様々なイベントを読み取る手法です。12星座の一つ一つを「部屋」に見立て、そこに星が出入りすることで、その時間に起こる出来事の意義やなりゆきを読み取ろうとするものです。

　自分の星座が「第1ハウス」で、そこから反時計回りに12まで数字を入れてゆくと、ハウスの完成です。

第1ハウス：「自分」のハウス
第2ハウス：「生産」のハウス
第3ハウス：「コミュニケーション」のハウス
第4ハウス：「家」のハウス
第5ハウス：「愛」のハウス
第6ハウス：「任務」のハウス
第7ハウス：「他者」のハウス
第8ハウス：「ギフト」のハウス
第9ハウス：「旅」のハウス
第10ハウス：「目標と結果」のハウス
第11ハウス：「夢と友」のハウス
第12ハウス：「ひみつ」のハウス

例：山羊座の人の場合

自分の星座が
第1ハウス　　反時計回り

たとえば、今日の月が射手座に位置していたとすると、この日は「第12ハウスに月がある」ということになります。

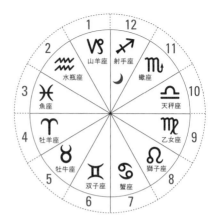

前々ページの「〇〇の日」の前に打ってある数字は、実はハウスを意味しています。「第12ハウスに月がある」日は、「12. ひみつの日」です。

太陽と月、水星から海王星までの惑星、そして準惑星の冥王星が、この12のハウスをそれぞれのスピードで移動していきます。「どの星がどのハウスにあるか」で、その時間のカラーやそのとき起こっていることの意味を、読み解くことができるのです。詳しくは『星読み+ 2022〜2032年データ改訂版』(幻冬舎コミックス刊)、または『月で読むあしたの星占い』(すみれ書房刊)でどうぞ！

1 ·JANUARY·

1 月　旅の日
遠出したり、遠くから人が訪ねてくれたりする日。発信力も増す。

2 火　旅の日
遠出したり、遠くから人が訪ねてくれたりする日。発信力も増す。
◆水星が「ひみつ」のハウスで順行へ。自分の感情への理解が深まる。自分の言葉の発見。

3 水　旅の日 ▶ 達成の日　　　　　　　　　　　　　[ボイド] 08:38〜09:48
意欲が湧く。はっきりした成果が出る時間へ。

4 木　◑達成の日
目標に手が届く。結果が出る日。人から認められる場面も。
◆火星が「自分」のハウスへ。熱い自己変革の季節へ。勝負、挑戦。自分から動きたくなる。

5 金　達成の日 ▶ 友だちの日　　　　　　　　　　　[ボイド] 20:42〜21:41
肩の力が抜け、伸びやかな気持ちになれる。

6 土　友だちの日
未来のプランを立てる。友だちと過ごせる。チームワーク。

7 日　友だちの日
未来のプランを立てる。友だちと過ごせる。チームワーク。

8 月　友だちの日 ▶ ひみつの日　　　　　　　　　　[ボイド] 05:24〜06:10
ざわめきから少し離れたくなる。自分の時間。

9 火　ひみつの日
一人の時間。過去を振り返り、戦略を練る。自分を大事にする。

10 水　ひみつの日 ▶ スタートの日　　　　　　　　　[ボイド] 03:26〜10:35
新しいことを始めやすい時間に切り替わる。

11 木　●スタートの日
主役の意識で動く。新しい選択肢を選べる。気持ちが切り替わる。
◗「自分」のハウスで新月。大切なことがスタートする節目。フレッシュな「切り替え」。

12 金　スタートの日 ▶ お金の日　　　　　　　　　　[ボイド] 11:35〜12:03
物質面・経済活動が活性化する時間に入る。

13 土　お金の日　　　　　　　　　　　　　　　　　[ボイド] 19:00〜
いわゆる「金運がいい」日。実入りが良く、いい買い物もできそう。

14 日　お金の日 ▶ メッセージの日　　　　　　　　　[ボイド] 〜12:31
「動き」が出てくる。コミュニケーションの活性。
◆水星が「自分」のハウスへ。知的活動が活性化。若々しい気持ち、行動力。発言力の強化。

15 月　メッセージの日
待っていた朗報が届く。勉強が捗る。外に出たくなる日。

16 火　メッセージの日 ▶ 家の日　　　　　　　　　　[ボイド] 13:34〜13:50
生活環境や身内に目が向かう。原点回帰。

17 水
家の日
「普段の生活」が充実。身内との関係強化。環境改善ができる。

18 木
◑家の日 ▶ 愛の日 　　　　　　　　　　　　　　[ボイド] 17:04〜17:14
愛の追い風が吹く。好きなことができる。

19 金
愛の日
愛について嬉しいことがある。子育て、趣味、創作にも追い風が。

20 土
愛の日 ▶ メンテナンスの日 　　　　　　　　　　[ボイド] 22:59〜23:00
「やりたいこと」から「やるべきこと」へのシフト。
◆太陽が「生産」のハウスへ。1年のサイクルの中で「物質的・経済的土台」を整備する。

21 日
メンテナンスの日
生活や心身の故障部分を修理できる。ケアしたり、されたり。
◆冥王星が「生産」のハウスへ。ここから2043年頃にかけ、大きな経済活動に取り組むことに。

22 月
メンテナンスの日
生活や心身の故障部分を修理できる。ケアしたり、されたり。

23 火
メンテナンスの日 ▶ 人に会う日 　　　　　　　　[ボイド] 05:42〜06:52
「自分の世界」から「外界」へ出るような節目。
◆金星が「自分」のハウスに。あなたの魅力が輝く季節の到来。愛に恵まれる楽しい日々へ。

24 水
人に会う日
人に会ったり、会う約束をしたりする日。出会いの気配も。

25 木
人に会う日 ▶ プレゼントの日 　　　　　　　　　[ボイド] 08:00〜16:38
他者との関係に、さらに一歩踏み込めるように。

26 金
○プレゼントの日
人から貴重なものを受け取れる。提案を受ける場面も。
☽「ギフト」のハウスで満月。人から「満を持して」手渡されるものがある。他者との融合。

27 土
プレゼントの日 　　　　　　　　　　　　　　　[ボイド] 06:21〜
人から貴重なものを受け取れる。提案を受ける場面も。
◆天王星が「愛」のハウスで順行へ。愛の自由を追求し始める。スリルへの欲求が強まる。

28 日
プレゼントの日 ▶ 旅の日 　　　　　　　　　　　[ボイド] 〜04:13
遠い場所との間に、橋が架かり始める。

29 月
旅の日
遠出したり、遠くから人が訪ねてくれたりする日。発信力も増す。

30 火
旅の日 ▶ 達成の日 　　　　　　　　　　　　　　[ボイド] 08:22〜17:06
意欲が湧く。はっきりした成果が出る時間へ。

31 水
達成の日
目標に手が届く。結果が出る日。人から認められる場面も。

2 ·FEBRUARY·

1 木
達成の日 [ボイド] 18:05〜
目標に手が届く。結果が出る日。人から認められる場面も。

2 金
達成の日 ▶ 友だちの日 [ボイド] 〜05:39
肩の力が抜け、伸びやかな気持ちになれる。

3 土
◗友だちの日
未来のプランを立てる。友だちと過ごせる。チームワーク。

4 日
友だちの日 ▶ ひみつの日 [ボイド] 12:26〜15:30
ざわめきから少し離れたくなる。自分の時間。

5 月
ひみつの日
一人の時間。過去を振り返り、戦略を練る。自分を大事にする。
◆水星が「生産」のハウスへ。経済活動に知性を活かす。情報収集、
経営戦略。在庫整理。

6 火
ひみつの日 ▶ スタートの日 [ボイド] 14:08〜21:10
新しいことを始めやすい時間に切り替わる。

7 水
スタートの日
主役の意識で動く。新しい選択肢を選べる。気持ちが切り替わる。

8 木
スタートの日 ▶ お金の日 [ボイド] 16:54〜23:01
物質面・経済活動が活性化する時間に入る。

9 金
お金の日
いわゆる「金運がいい」日。実入りが良く、いい買い物もできそう。

10 土
●お金の日 ▶ メッセージの日 [ボイド] 08:01〜22:44
「動き」が出てくる。コミュニケーションの活性。
◗「生産」のハウスで新月。新しい経済活動をスタートさせる。新し
いものを手に入れる。

11 日
メッセージの日
待っていた朗報が届く。勉強が捗る。外に出たくなる日。

12 月
メッセージの日 ▶ 家の日 [ボイド] 21:33〜22:27
生活環境や身内に目が向かう。原点回帰。

13 火
家の日
「普段の生活」が充実。身内との関係強化。環境改善ができる。
◆火星が「生産」のハウスへ。ほてりが収まって地に足がつく。経済
的な「勝負」も。

14 水
家の日 [ボイド] 19:22〜
「普段の生活」が充実。身内との関係強化。環境改善ができる。

15 木
家の日 ▶ 愛の日 [ボイド] 〜00:04
愛の追い風が吹く。好きなことができる。

16 金
愛の日
愛について嬉しいことがある。子育て、趣味、創作にも追い風が。

17	土	◗愛の日 ▶ メンテナンスの日　　　　　　　　[ボイド] 00:02〜04:41
		「やりたいこと」から「やるべきこと」へのシフト。
		◆金星が「生産」のハウスへ。経済活動の活性化、上昇気流。物質的豊かさの開花。

18	日	メンテナンスの日
		生活や心身の故障部分を修理できる。ケアしたり、されたり。

19	月	メンテナンスの日 ▶ 人に会う日　　　　　　　[ボイド] 12:22〜12:26
		「自分の世界」から「外界」へ出るような節目。
		◆太陽が「コミュニケーション」のハウスへ。1年のサイクルの中でコミュニケーションを繋ぎ直すとき。

20	火	人に会う日
		人に会ったり、会う約束をしたりする日。出会いの気配も。

21	水	人に会う日 ▶ プレゼントの日　　　　　　　[ボイド] 15:39〜22:42
		他者との関係に、さらに一歩踏み込めるように。

22	木	プレゼントの日
		人から貴重なものを受け取れる。提案を受ける場面も。

23	金	プレゼントの日　　　　　　　　　　　　　[ボイド] 13:19〜
		人から貴重なものを受け取れる。提案を受ける場面も。
		◆水星が「コミュニケーション」のハウスへ。知的活動の活性化、コミュニケーションの進展。学習の好機。

24	土	○プレゼントの日 ▶ 旅の日　　　　　　　　[ボイド] 〜10:39
		遠い場所との間に、橋が架かり始める。
		☽「旅」のハウスで満月。遠い場所への扉が「満を持して」開かれる。遠くまで声が届く。

25	日	旅の日
		遠出したり、遠くから人が訪ねてくれたりする日。発信力も増す。

26	月	旅の日 ▶ 達成の日　　　　　　　　　　　[ボイド] 16:37〜23:31
		意欲が湧く。はっきりした成果が出る時間へ。

27	火	達成の日
		目標に手が届く。結果が出る日。人から認められる場面も。

28	水	達成の日　　　　　　　　　　　　　　　[ボイド] 03:23〜
		目標に手が届く。結果が出る日。人から認められる場面も。

29	木	達成の日 ▶ 友だちの日　　　　　　　　　[ボイド] 〜12:11
		肩の力が抜け、伸びやかな気持ちになれる。

3 ・MARCH・

1 金 友だちの日
未来のプランを立てる。友だちと過ごせる。チームワーク。

2 土 友だちの日 ▶ ひみつの日 　　　　　　　　[ボイド] 16:49〜22:58
ざわめきから少し離れたくなる。自分の時間。

3 日 ひみつの日
一人の時間。過去を振り返り、戦略を練る。自分を大事にする。

4 月 ◐ ひみつの日
一人の時間。過去を振り返り、戦略を練る。自分を大事にする。

5 火 ひみつの日 ▶ スタートの日 　　　　　　　[ボイド] 00:42〜06:17
新しいことを始めやすい時間に切り替わる。

6 水 スタートの日
主役の意識で動く。新しい選択肢を選べる。気持ちが切り替わる。

7 木 スタートの日 ▶ お金の日 　　　　　　　　[ボイド] 04:37〜09:40
物質面・経済活動が活性化する時間に入る。

8 金 お金の日
いわゆる「金運がいい」日。実入りが良く、いい買い物もできそう。

9 土 お金の日 ▶ メッセージの日 　　　　　　　[ボイド] 03:57〜10:05
「動き」が出てくる。コミュニケーションの活性。

10 日 ● メッセージの日
待っていた朗報が届く。勉強が捗る。外に出たくなる日。
◆水星が「家」のハウスへ。来訪者。身近な人との対話。若々しい
風が居場所に吹き込む。☽「コミュニケーション」のハウスで新月。
新しいコミュニケーションが始まる。学び始める。朗報も。

11 月 メッセージの日 ▶ 家の日 　　　　　　　[ボイド] 04:47〜09:21
生活環境や身内に目が向かう。原点回帰。

12 火 家の日 　　　　　　　　　　　　　　　　[ボイド] 20:10〜
「普段の生活」が充実。身内との関係強化。環境改善ができる。
◆金星が「コミュニケーション」のハウスへ。喜びある学び、対話、
外出。言葉による優しさ、愛の伝達。

13 水 家の日 ▶ 愛の日 　　　　　　　　　　　[ボイド] 〜09:30
愛の追い風が吹く。好きなことができる。

14 木 愛の日
愛について嬉しいことがある。子育て、趣味、創作にも追い風が。

15 金 愛の日 ▶ メンテナンスの日 　　　　　　[ボイド] 07:31〜12:17
「やりたいこと」から「やるべきこと」へのシフト。

16 土 メンテナンスの日
生活や心身の故障部分を修理できる。ケアしたり、されたり。

17 日 ◑ メンテナンスの日 ▶ 人に会う日 　　　[ボイド] 13:45〜18:42
「自分の世界」から「外界」へ出るような節目。

18 月　人に会う日
人に会ったり、会う約束をしたりする日。出会いの気配も。

19 火　人に会う日
人に会ったり、会う約束をしたりする日。出会いの気配も。

20 水　人に会う日 ▶ プレゼントの日　　　　　　　　　[ボイド] 03:54〜04:34
他者との関係に、さらに一歩踏み込めるように。
◆太陽が「家」のハウスへ。1年のサイクルの中で「居場所・家・心」を整備し直すとき。

21 木　プレゼントの日
人から貴重なものを受け取れる。提案を受ける場面も。

22 金　プレゼントの日 ▶ 旅の日　　　　　　　　　　　[ボイド] 15:36〜16:43
遠い場所との間に、橋が架かり始める。

23 土　旅の日
遠出したり、遠くから人が訪ねてくれたりする日。発信力も増す。
◆火星が「コミュニケーション」のハウスに。熱いコミュニケーション、議論、向学心。外に出て動く日々へ。

24 日　旅の日
遠出したり、遠くから人が訪ねてくれたりする日。発信力も増す。

25 月　○旅の日 ▶ 達成の日　　　　　　　　　　　　[ボイド] 00:51〜05:39
意欲が湧く。はっきりした成果が出る時間へ。
☽「目標と結果」のハウスで月食。仕事や対外的な活動の場での努力が、特別な形で実る。

26 火　達成の日
目標に手が届く。結果が出る日。人から認められる場面も。

27 水　達成の日 ▶ 友だちの日　　　　　　　　　　　[ボイド] 08:11〜18:04
肩の力が抜け、伸びやかな気持ちになれる。

28 木　友だちの日
未来のプランを立てる。友だちと過ごせる。チームワーク。

29 金　友だちの日
未来のプランを立てる。友だちと過ごせる。チームワーク。

30 土　友だちの日 ▶ ひみつの日　　　　　　　　　　[ボイド] 00:41〜04:53
ざわめきから少し離れたくなる。自分の時間。

31 日　ひみつの日
一人の時間。過去を振り返り、戦略を練る。自分を大事にする。

4 · APRIL ·

1 月 ひみつの日 ▶ スタートの日　　　　　　　　　　[ボイド] 09:18〜13:07
新しいことを始めやすい時間に切り替わる。

2 火 ◗ スタートの日
主役の意識で動く。新しい選択肢を選べる。気持ちが切り替わる。
◆水星が「家」のハウスで逆行開始。家族や身近な人にじっくり時間と労力を注ぐ時間へ。

3 水 スタートの日 ▶ お金の日　　　　　　　　　　　[ボイド] 14:42〜18:09
物質面・経済活動が活性化する時間に入る。

4 木 お金の日
いわゆる「金運がいい」日。実入りが良く、いい買い物もできそう。

5 金 お金の日 ▶ メッセージの日　　　　　　　　　　[ボイド] 14:41〜20:14
「動き」が出てくる。コミュニケーションの活性。
◆金星が「家」のハウスへ。身近な人とのあたたかな交流。愛着。居場所を美しくする。

6 土 メッセージの日
待っていた朗報が届く。勉強が捗る。外に出たくなる日。

7 日 メッセージの日 ▶ 家の日　　　　　　　　　　　[ボイド] 17:29〜20:26
生活環境や身内に目が向かう。原点回帰。

8 月 家の日
「普段の生活」が充実。身内との関係強化。環境改善ができる。

9 火 ● 家の日 ▶ 愛の日　　　　　　　　　　　　　[ボイド] 11:40〜20:25
愛の追い風が吹く。好きなことができる。
◗「家」のハウスで日食。家族との関わりや居場所について、特別なことが始まるかも。

10 水 愛の日
愛について嬉しいことがある。子育て、趣味、創作にも追い風が。

11 木 愛の日 ▶ メンテナンスの日　　　　　　　　　　[ボイド] 19:06〜22:00
「やりたいこと」から「やるべきこと」へのシフト。

12 金 メンテナンスの日
生活や心身の故障部分を修理できる。ケアしたり、されたり。

13 土 メンテナンスの日　　　　　　　　　　　　　　[ボイド] 23:48〜
生活や心身の故障部分を修理できる。ケアしたり、されたり。

14 日 メンテナンスの日 ▶ 人に会う日　　　　　　　　[ボイド] 〜02:47
「自分の世界」から「外界」へ出るような節目。

15 月 人に会う日
人に会ったり、会う約束をしたりする日。出会いの気配も。

16 火 ◖ 人に会う日 ▶ プレゼントの日　　　　　　　　[ボイド] 08:24〜11:26
他者との関係に、さらに一歩踏み込めるように。

17 水 プレゼントの日
人から貴重なものを受け取れる。提案を受ける場面も。

18 木 プレゼントの日 ▶ 旅の日 　　　　　　　　　　[ボイド] 21:04〜23:12
遠い場所との間に、橋が架かり始める。

19 金 旅の日
遠出したり、遠くから人が訪ねてくれたりする日。発信力も増す。
◆太陽が「愛」のハウスへ。1年のサイクルの中で「愛・喜び・創造性」を再生するとき。

20 土 旅の日
遠出したり、遠くから人が訪ねてくれたりする日。発信力も増す。

21 日 旅の日 ▶ 達成の日 　　　　　　　　　　[ボイド] 09:21〜12:10
意欲が湧く。はっきりした成果が出る時間へ。

22 月 達成の日
目標に手が届く。結果が出る日。人から認められる場面も。

23 火 達成の日 　　　　　　　　　　　　　　　　[ボイド] 08:26〜
目標に手が届く。結果が出る日。人から認められる場面も。

24 水 ○達成の日 ▶ 友だちの日 　　　　　　　　[ボイド] 〜00:21
肩の力が抜け、伸びやかな気持ちになれる。
☾「夢と友」のハウスで満月。希望してきた条件が整う。友や仲間への働きかけが「実る」。

25 木 友だちの日
未来のプランを立てる。友だちと過ごせる。チームワーク。
◆水星が「家」のハウスで順行へ。居場所での物事の流れがスムーズになる。家族の声。

26 金 友だちの日 ▶ ひみつの日 　　　　　　　　[ボイド] 08:18〜10:39
ざわめきから少し離れたくなる。自分の時間。

27 土 ひみつの日
一人の時間。過去を振り返り、戦略を練る。自分を大事にする。

28 日 ひみつの日 ▶ スタートの日 　　　　　　　[ボイド] 16:33〜18:39
新しいことを始めやすい時間に切り替わる。

29 月 スタートの日
主役の意識で動く。新しい選択肢を選べる。気持ちが切り替わる。
◆金星が「愛」のハウスへ。華やかな愛の季節の始まり。創造的活動への強い追い風。

30 火 スタートの日
主役の意識で動く。新しい選択肢を選べる。気持ちが切り替わる。

5 ·MAY·

1	水	**①スタートの日 ▶ お金の日** 　　　　　　　　　　[ボイド] 00:20〜00:21 物質面・経済活動が活性化する時間に入る。 ◆火星が「家」のハウスへ。居場所を「動かす」時期。環境変化、引越、家族との取り組み。
2	木	お金の日 　　　　　　　　　　　　　　　　　　[ボイド] 18:30〜 いわゆる「金運がいい」日。実入りが良く、いい買い物もできそう。
3	金	お金の日 ▶ メッセージの日 　　　　　　　　　　[ボイド] 〜03:53 「動き」が出てくる。コミュニケーションの活性。 ◆冥王星が「生産」のハウスで逆行開始。大きな「欲」の軌道修正を試み始める。無欲への衝動。
4	土	メッセージの日 待っていた朗報が届く。勉強が捗る。外に出たくなる日。
5	日	メッセージの日 ▶ 家の日 　　　　　　　　　　　[ボイド] 04:08〜05:42 生活環境や身内に目が向かう。原点回帰。
6	月	家の日 　　　　　　　　　　　　　　　　　　　[ボイド] 14:59〜 「普段の生活」が充実。身内との関係強化。環境改善ができる。
7	火	家の日 ▶ 愛の日 　　　　　　　　　　　　　　[ボイド] 〜06:44 愛の追い風が吹く。好きなことができる。
8	水	●愛の日 愛について嬉しいことがある。子育て、趣味、創作にも追い風が。 🌑「愛」のハウスで新月。愛が「生まれる」ようなタイミング。大切なものと結びつく。
9	木	愛の日 ▶ メンテナンスの日 　　　　　　　　　　[ボイド] 06:57〜08:22 「やりたいこと」から「やるべきこと」へのシフト。
10	金	メンテナンスの日 生活や心身の故障部分を修理できる。ケアしたり、されたり。
11	土	メンテナンスの日 ▶ 人に会う日 　　　　　　　　[ボイド] 10:51〜12:15 「自分の世界」から「外界」へ出るような節目。
12	日	人に会う日 人に会ったり、会う約束をしたりする日。出会いの気配も。
13	月	人に会う日 ▶ プレゼントの日 　　　　　　　　　[ボイド] 18:14〜19:38 他者との関係に、さらに一歩踏み込めるように。
14	火	プレゼントの日 人から貴重なものを受け取れる。提案を受ける場面も。
15	水	●プレゼントの日 人から貴重なものを受け取れる。提案を受ける場面も。
16	木	プレゼントの日 ▶ 旅の日 　　　　　　　　　　　[ボイド] 01:42〜06:34 遠い場所との間に、橋が架かり始める。 ◆水星が「愛」のハウスへ。愛に関する学び、教育。若々しい創造性、遊び。知的創造。

17	金	旅の日 遠出したり、遠くから人が訪ねてくれたりする日。発信力も増す。
18	土	旅の日 ▶ 達成の日　　　　　　　　　　　　[ボイド] 18:10～19:24 意欲が湧く。はっきりした成果が出る時間へ。
19	日	達成の日 目標に手が届く。結果が出る日。人から認められる場面も。
20	月	達成の日　　　　　　　　　　　　　　　　[ボイド] 00:50～ 目標に手が届く。結果が出る日。人から認められる場面も。 ◆太陽が「任務」のハウスへ。1年のサイクルの中で「健康・任務・日常」を再構築するとき。
21	火	達成の日 ▶ 友だちの日　　　　　　　　　　[ボイド] ～07:36 肩の力が抜け、伸びやかな気持ちになれる。
22	水	友だちの日 未来のプランを立てる。友だちと過ごせる。チームワーク。
23	木	○友だちの日 ▶ ひみつの日　　　　　　　　[ボイド] 16:30～17:26 ざわめきから少し離れたくなる。自分の時間。 ♪「ひみつ」のハウスで満月。時間をかけて治療してきた傷が癒える。自他を赦し赦される。
24	金	ひみつの日 一人の時間。過去を振り返り、戦略を練る。自分を大事にする。 ◆金星が「任務」のハウスへ。美しい生活スタイルの実現。美のための習慣。楽しい仕事。
25	土	ひみつの日　　　　　　　　　　　　　　　[ボイド] 23:49～ 一人の時間。過去を振り返り、戦略を練る。自分を大事にする。
26	日	ひみつの日 ▶ スタートの日　　　　　　　　[ボイド] ～00:37 新しいことを始めやすい時間に切り替わる。 ◆木星が「任務」のハウスへ。役割・生活・任務・健康・就労関係などを新たにする1年へ。
27	月	スタートの日 主役の意識で動く。新しい選択肢を選べる。気持ちが切り替わる。
28	火	スタートの日 ▶ お金の日　　　　　　　　　[ボイド] 05:04～05:46 物質面・経済活動が活性化する時間に入る。
29	水	お金の日　　　　　　　　　　　　　　　　[ボイド] 23:22～ いわゆる「金運がいい」日。実入りが良く、いい買い物もできそう。
30	木	お金の日 ▶ メッセージの日　　　　　　　　[ボイド] ～09:34 「動き」が出てくる。コミュニケーションの活性。
31	金	◗メッセージの日 待っていた朗報が届く。勉強が捗る。外に出たくなる日。

6 ・JUNE・

1 土　メッセージの日 ▶ 家の日　　　　　　　　　　　　[ボイド] 11:56〜12:30
生活環境や身内に目が向かう。原点回帰。

2 日　家の日
「普段の生活」が充実。身内との関係強化。環境改善ができる。

3 月　家の日 ▶ 愛の日　　　　　　　　　　　　　　　[ボイド] 07:05〜14:57
愛の追い風が吹く。好きなことができる。
◆水星が「任務」のハウスへ。日常生活の整理、整備。健康チェック。心身の調律。

4 火　愛の日
愛について嬉しいことがある。子育て、趣味、創作にも追い風が。

5 水　愛の日 ▶ メンテナンスの日　　　　　　　　　　[ボイド] 17:11〜17:38
「やりたいこと」から「やるべきこと」へのシフト。

6 木　●メンテナンスの日
生活や心身の故障部分を修理できる。ケアしたり、されたり。
☽「任務」のハウスで新月。新しい生活習慣、新しい任務がスタートするとき。体調の調整。

7 金　メンテナンスの日 ▶ 人に会う日　　　　　　　　[ボイド] 21:17〜21:43
「自分の世界」から「外界」へ出るような節目。

8 土　人に会う日
人に会ったり、会う約束をしたりする日。出会いの気配も。

9 日　人に会う日
人に会ったり、会う約束をしたりする日。出会いの気配も。
◆火星が「愛」のハウスへ。情熱的な愛、積極的自己表現。愛と理想のための戦い。

10 月　人に会う日 ▶ プレゼントの日　　　　　　　　　[ボイド] 04:07〜04:30
他者との関係に、さらに一歩踏み込めるように。

11 火　プレゼントの日
人から貴重なものを受け取れる。提案を受ける場面も。

12 水　プレゼントの日 ▶ 旅の日　　　　　　　　　　　[ボイド] 04:18〜14:40
遠い場所との間に、橋が架かり始める。

13 木　旅の日
遠出したり、遠くから人が訪ねてくれたりする日。発信力も増す。

14 金　◑旅の日
遠出したり、遠くから人が訪ねてくれたりする日。発信力も増す。

15 土　旅の日 ▶ 達成の日　　　　　　　　　　　　　　[ボイド] 02:55〜03:14
意欲が湧く。はっきりした成果が出る時間へ。

16 日　達成の日
目標に手が届く。結果が出る日。人から認められる場面も。

17 月	達成の日 ▶ 友だちの日	[ボイド] 15:06～15:40

肩の力が抜け、伸びやかな気持ちになれる。
◆金星が「他者」のハウスへ。人間関係から得られる喜び。愛あるパートナーシップ。◆水星が「他者」のハウスへ。正面から向き合う対話。調整のための交渉。若い人との出会い。

---

18 火 友だちの日
未来のプランを立てる。友だちと過ごせる。チームワーク。

---

19 水 友だちの日
未来のプランを立てる。友だちと過ごせる。チームワーク。

---

20 木 友だちの日 ▶ ひみつの日　　　　　　　　[ボイド] 01:21～01:33
ざわめきから少し離れたくなる。自分の時間。

---

21 金 ひみつの日
一人の時間。過去を振り返り、戦略を練る。自分を大事にする。
◆太陽が「他者」のハウスへ。1年のサイクルの中で人間関係を「結び直す」とき。

---

22 土 ○ ひみつの日 ▶ スタートの日　　　　　　[ボイド] 08:00～08:10
新しいことを始めやすい時間に切り替わる。
●「自分」のハウスで満月。現在の自分を受け入れられる。誰かに受け入れてもらえる。

---

23 日 スタートの日
主役の意識で動く。新しい選択肢を選べる。気持ちが切り替わる。

---

24 月 スタートの日 ▶ お金の日　　　　　　　　[ボイド] 12:07～12:16
物質面・経済活動が活性化する時間に入る。

---

25 火 お金の日
いわゆる「金運がいい」日。実入りが良く、いい買い物もできそう。

---

26 水 お金の日 ▶ メッセージの日　　　　　　　[ボイド] 07:31～15:09
「動き」が出てくる。コミュニケーションの活性。

---

27 木 メッセージの日
待っていた朗報が届く。勉強が捗る。外に出たくなる日。

---

28 金 メッセージの日 ▶ 家の日　　　　　　　　[ボイド] 17:46～17:54
生活環境や身内に目が向かう。原点回帰。

---

29 土 ● 家の日
「普段の生活」が充実。身内との関係強化。環境改善ができる。

---

30 日 家の日 ▶ 愛の日　　　　　　　　　　　[ボイド] 13:58～21:02
愛の追い風が吹く。好きなことができる。
◆土星が「コミュニケーション」のハウスで逆行開始。答えを保留したまま対話や学習を続けていく。

7 ·JULY·

1 月
愛の日
愛について嬉しいことがある。子育て、趣味、創作にも追い風が。

2 火
愛の日
愛について嬉しいことがある。子育て、趣味、創作にも追い風が。
◆海王星が「コミュニケーション」のハウスで逆行開始。自分から自分宛に発するメッセージが増え始める。◆水星が「ギフト」のハウスへ。利害のマネジメント。コンサルテーション。カウンセリング。

3 水
愛の日 ▶ メンテナンスの日　　　　　　　　　　　[ボイド] 00:45〜00:52
「やりたいこと」から「やるべきこと」へのシフト。

4 木
メンテナンスの日
生活や心身の故障部分を修理できる。ケアしたり、されたり。

5 金
メンテナンスの日 ▶ 人に会う日　　　　　　　　　[ボイド] 05:45〜05:53
「自分の世界」から「外界」へ出るような節目。

6 土
● 人に会う日
人に会ったり、会う約束をしたりする日。出会いの気配も。
☽「他者」のハウスで新月。出会いのとき。誰かとの関係が刷新。未来への約束を交わす。

7 日
人に会う日 ▶ プレゼントの日　　　　　　　　　　[ボイド] 12:49〜12:57
他者との関係に、さらに一歩踏み込めるように。

8 月
プレゼントの日
人から貴重なものを受け取れる。提案を受ける場面も。

9 火
プレゼントの日 ▶ 旅の日　　　　　　　　　　　　[ボイド] 15:05〜22:49
遠い場所との間に、橋が架かり始める。

10 水
旅の日
遠出したり、遠くから人が訪ねてくれたりする日。発信力も増す。

11 木
旅の日
遠出したり、遠くから人が訪ねてくれたりする日。発信力も増す。

12 金
旅の日 ▶ 達成の日　　　　　　　　　　　　　　[ボイド] 10:57〜11:08
意欲が湧く。はっきりした成果が出る時間へ。
◆金星が「ギフト」のハウスへ。欲望の解放と調整、他者への要求、他者からの要求。甘え。

13 土
達成の日
目標に手が届く。結果が出る日。人から認められる場面も。

14 日
◑ 達成の日 ▶ 友だちの日　　　　　　　　　　　[ボイド] 07:50〜23:54
肩の力が抜け、伸びやかな気持ちになれる。

15 月
友だちの日
未来のプランを立てる。友だちと過ごせる。チームワーク。

16 火
友だちの日
未来のプランを立てる。友だちと過ごせる。チームワーク。

17 水	友だちの日 ▶ ひみつの日	[ボイド] 10:12〜10:26
	ざわめきから少し離れたくなる。自分の時間。	

18 木	ひみつの日	
	一人の時間。過去を振り返り、戦略を練る。自分を大事にする。	

19 金	ひみつの日 ▶ スタートの日	[ボイド] 17:00〜17:15
	新しいことを始めやすい時間に切り替わる。	

20 土	スタートの日	
	主役の意識で動く。新しい選択肢を選べる。気持ちが切り替わる。	

21 日	○ スタートの日 ▶ お金の日	[ボイド] 20:28〜20:45
	物質面・経済活動が活性化する時間に入る。 ◆火星が「任務」のハウスへ。多忙期へ。長く走り続けるための必要条件を、戦って勝ち取る。●「自分」のハウスで満月。現在の自分を受け入れられる。誰かに受け入れてもらえる。	

22 月	お金の日	
	いわゆる「金運がいい」日。実入りが良く、いい買い物もできそう。 ◆太陽が「ギフト」のハウスへ。1年のサイクルの中で経済的授受のバランスを見直すとき。	

23 火	お金の日 ▶ メッセージの日	[ボイド] 19:00〜22:25
	「動き」が出てくる。コミュニケーションの活性。	

24 水	メッセージの日	
	待っていた朗報が届く。勉強が捗る。外に出たくなる日。	

25 木	メッセージの日 ▶ 家の日	[ボイド] 23:33〜23:54
	生活環境や身内に目が向かう。原点回帰。	

26 金	家の日	
	「普段の生活」が充実。身内との関係強化。環境改善ができる。 ◆水星が「旅」のハウスへ。軽やかな旅立ち。勉強や研究に追い風が。導き手に恵まれる。	

27 土	家の日	[ボイド] 07:16〜
	「普段の生活」が充実。身内との関係強化。環境改善ができる。	

28 日	◖ 家の日 ▶ 愛の日	[ボイド] 〜02:24
	愛の追い風が吹く。好きなことができる。	

29 月	愛の日	
	愛について嬉しいことがある。子育て、趣味、創作にも追い風が。	

30 火	愛の日 ▶ メンテナンスの日	[ボイド] 06:01〜06:29
	「やりたいこと」から「やるべきこと」へのシフト。	

31 水	メンテナンスの日	
	生活や心身の故障部分を修理できる。ケアしたり、されたり。	

8 ・AUGUST・

1 木 　メンテナンスの日 ▶ 人に会う日　　　　　　　　[ボイド] 11:48〜12:21
「自分の世界」から「外界」へ出るような節目。

2 金 　人に会う日
人に会ったり、会う約束をしたりする日。出会いの気配も。

3 土 　人に会う日 ▶ プレゼントの日　　　　　　　　　　[ボイド] 19:33〜20:11
他者との関係に、さらに一歩踏み込めるように。

4 日 　●プレゼントの日
人から貴重なものを受け取れる。提案を受ける場面も。
☽「ギフト」のハウスで新月。心の扉を開く。誰かに導かれての経験。
ギフトから始まること。

5 月 　プレゼントの日
人から貴重なものを受け取れる。提案を受ける場面も。
◆金星が「旅」のハウスへ。楽しい旅の始まり、旅の仲間。研究の果
実。距離を越える愛。◆水星が「旅」のハウスで逆行開始。後戻りす
る旅、再訪。再研究、再発見。迷路。

6 火 　プレゼントの日 ▶ 旅の日　　　　　　　　　　　[ボイド] 00:18〜06:18
遠い場所との間に、橋が架かり始める。

7 水 　旅の日
遠出したり、遠くから人が訪ねてくれたりする日。発信力も増す。

8 木 　旅の日 ▶ 達成の日　　　　　　　　　　　　　[ボイド] 17:42〜18:33
意欲が湧く。はっきりした成果が出る時間へ。

9 金 　達成の日
目標に手が届く。結果が出る日。人から認められる場面も。

10 土 　達成の日　　　　　　　　　　　　　　　　　[ボイド] 06:46〜
目標に手が届く。結果が出る日。人から認められる場面も。

11 日 　達成の日 ▶ 友だちの日　　　　　　　　　　　[ボイド] 〜07:35
肩の力が抜け、伸びやかな気持ちになれる。

12 月 　友だちの日
未来のプランを立てる。友だちと過ごせる。チームワーク。

13 火 　●友だちの日 ▶ ひみつの日　　　　　　　　　[ボイド] 18:03〜19:02
ざわめきから少し離れたくなる。自分の時間。

14 水 　ひみつの日
一人の時間。過去を振り返り、戦略を練る。自分を大事にする。

15 木 　ひみつの日
一人の時間。過去を振り返り、戦略を練る。自分を大事にする。
◆逆行中の水星が「ギフト」のハウスに。負債の精算、気になってい
た負い目を解消できる。

16 金 　ひみつの日 ▶ スタートの日　　　　　　　　　[ボイド] 01:54〜02:53
新しいことを始めやすい時間に切り替わる。

• OCTOBER •

火 旅の日
遠出したり、遠くから人が訪ねてくれたりする日。発信力も増す。

水 旅の日▶達成の日
意欲が湧く。はっきりした成果が出る時間へ。　[ボイド] 06:41〜07:21

木 ●達成の日
目標に手が届く。結果が出る日。人から認められる場面も。「目標と結果」のハウスで日食。ロングスパンで見て重要なミッションがスタートする。

金 達成の日▶友だちの日
肩の力が抜け、伸びやかな気持ちになれる。　[ボイド] 19:42〜20:24

土 友だちの日
未来のプランを立てる。友だちと過ごせる。チームワーク。

日 未来のプランを立てる。友だちと過ごせる。チームワーク。

月 友だちの日▶ひみつの日
ざわめきから少し離れたくなる。自分の時間。　[ボイド] 07:54〜08:36

火 ひみつの日
一人の時間。過去を振り返り、戦略を練る。自分を大事にする。

水 ひみつの日▶スタートの日
新しいことを始めやすい時間に切り替わる。◆木星が「任務」のハウスで逆行開始。「新しい任務」の検証、熟成。意味ある試行錯誤。　[ボイド] 14:55〜18:40

木 スタートの日
主役の意識で動く。新しい選択肢を選べる。「新しい任務」の検証、熟成。

金 ●スタートの日
主役の意識で動く。新しい選択肢を選べる。気持ちが切り替わる。

土 スタートの日▶お金の日
物質面・経済活動が活性化する時間に入る。◆冥王星が「自分」のハウスで順行へ。鉱脈を再発見し、黄金を掘り出しつつ掘り進む。　[ボイド] 00:55〜01:33

日 お金の日
いわゆる「金運がいい」日。実入りが良く、いい買い物もできそう。

お金の日▶メッセージの日
「動き」が出てくる。コミュニケーションの活性。◆水星が「夢と友」のハウスへ。仲間に恵まれる爽やかな季節。友と夢を語れる。新しい計画。　[ボイド] 23:12〜 / 〜04:57

火 メッセージの日
待っていた朗報が届く。勉強が捗る。外に出たくなる日。

---

17 土　スタートの日
主役の意識で動く。新しい選択肢を選べる。気持ちが切り替わる。

18 日　スタートの日▶お金の日　[ボイド] 05:45〜06:46
物質面・経済活動が活性化する時間に入る。

19 月　お金の日
いわゆる「金運がいい」日。実入りが良く、いい買い物もできそう。

20 火　○お金の日▶メッセージの日　[ボイド] 03:27〜07:53
「動き」が出てくる。コミュニケーションの活性。☽「生産」のハウスで満月。経済的・物質的な努力が実り、収穫が得られる。ゆたかさ、満足。

21 水　メッセージの日
待っていた朗報が届く。勉強が捗る。外に出たくなる日。

22 木　メッセージの日▶家の日　[ボイド] 06:56〜08:03
生活環境や身内に目が向かう。原点回帰。◆太陽が「旅」のハウスへ。1年のサイクルの中で「精神的成長」を確認するとき。

23 金　家の日　[ボイド] 21:46〜
「普段の生活」が充実。身内との関係強化。環境改善ができる。

24 土　家の日▶愛の日　[ボイド] 〜09:02
愛の追い風が吹く。好きなことができる。

25 日　愛の日
愛について嬉しいことがある。子育て、趣味、創作にも追い風が。

26 月　◐愛の日▶メンテナンスの日　[ボイド] 10:42〜12:06
「やりたいこと」から「やるべきこと」へのシフト。

27 火　メンテナンスの日
生活や心身の故障部分を修理できる。ケアしたり、されたり。

28 水　メンテナンスの日▶人に会う日　[ボイド] 16:15〜17:49
「自分の世界」から「外界」へ出るような節目。

29 木　人に会う日
人に会ったり、会う約束をしたりする日。出会いの気配も。◆水星が「ギフト」のハウスで順行へ。経済的な関係性がスムーズに。マネジメントの成功。◆金星が「目標と結果」のハウスへ。目標達成や勲章。気軽に掴めるチャンス。嬉しい配役。

30 金　人に会う日
人に会ったり、会う約束をしたりする日。出会いの気配も。

31 土　人に会う日▶プレゼントの日　[ボイド] 00:26〜02:11
他者との関係に、さらに一歩踏み込めるように。

● SEPTEMBER ●

1 日　プレゼントの日
人から貴重なものを受け取れる。提案を受ける場面も。

2 月　プレゼントの日 ▶ 旅の日
遠い場所との間に、橋が架かり始める。　　　[ボイド] 09:27〜12:50
◆天王星が「愛」のハウスで逆行開始。愛が「自分を縛るもの」なのかどうかを問い直す。
◆逆行中の冥王星が「自分を縛るもの」なの
2008年頃からの長い自己変革のプロセスを振り返る。

3 火　●旅の日
遠出したり、遠くから人が訪ねてくれたりする日。発信力も増す。
☽「旅」のハウスで新月。旅に出発する。専門分野を開拓し始める。
矢文を放つ。

4 水　旅の日
遠出したり、遠くから人が訪ねてくれたりする日。発信力も増す。

5 木　旅の日 ▶ 達成の日
意欲が湧く。はっきりした成果が出る時間へ。　　[ボイド] 01:08〜01:13
◆火星が「他者」のハウスへ。摩擦を怖れぬ対決。一対一の勝負。
攻めの交渉。他者からの刺激。

6 金　達成の日
目標に手が届く。結果が出る日。人から認められる場面も。

7 土　達成の日 ▶ 友だちの日
肩の力が抜け、伸びやかな気持ちになれる。　　[ボイド] 14:10〜14:20

8 日　友だちの日
未来のプランを立てる。友だちと過ごせる。チームワーク。

9 月　友だちの日
未来のプランを立てる。友だちと過ごせる。チームワーク。
◆再び水星が「旅」のハウスへ。遠方との交流が正常化へ。移動
ルートがしっかり定まる。

10 火　友だちの日 ▶ ひみつの日
ざわめきから少し離れたくなる。自分の時間。　　[ボイド] 02:13〜02:27

11 水　●ひみつの日
一人の時間。過去を振り返り、戦略を練る。自分を大事にする。

12 木　ひみつの日 ▶ スタートの日
新しいことを始めやすい時間に切り替わる。　　[ボイド] 09:22〜11:39

13 金　スタートの日
主役の意識で動く。新しい選択肢を選べる。気持ちが切り替わる。

14 土　スタートの日 ▶ お金の日
物質面・経済活動が活性化する時間に入る。　　[ボイド] 16:36〜16:55

15 日　お金の日
いわゆる「金運がいい」日。実入りが良く、いい買い物もできそう。

16 月　お金の日 ▶ メッセージの日　　　　　　　　　　[ボイド]
「動き」が出てくる。コミュニケーションの活性。

17 火　メッセージの日
待っていた朗報が届く。勉強が捗る。外に出たくなる日

18 水　○メッセージの日 ▶ 家の日　　　　　　　　　　[ボイド]
生活環境や身内に目が向かう。原点回帰。
☽「コミュニケーション」のハウスで月食。コミュニケー
議な魔法がかかる。意外な朗報。

19 木　家の日
「普段の生活」が充実。身内との関係強化。環境改善

20 金　家の日 ▶ 愛の日　　　　　　　　　　　　　　　[ボイド]
愛の追い風が吹く。好きなことができる。

21 土　愛の日
愛について嬉しいことがある。子育て、趣味、創作にも

22 日　愛の日 ▶ メンテナンスの日　　　　　　　　　[ボイド]
「やりたいこと」から「やるべきこと」へのシフト。
◆太陽が「目標と結果」のハウスへ。1年のサイクルの
達成」を確認するとき。

23 月　メンテナンスの日
生活や心身の故障部分を修理できる。ケアしたり、さ
◆金星が「夢と友」のハウスへ。友や仲間との交流が華
み」を受け取れる。

24 火　メンテナンスの日 ▶ 人に会う日　　　　　　　[ボイド]
「自分の世界」から「外界」へ出るような節目。

25 水　◐人に会う日
人に会ったり、会う約束をしたりする日。出会いの気配

26 木　人に会う日
人に会ったり、会う約束をしたりする日。出会いの気配
◆水星が「目標と結果」のハウスへ。ここから忙しくな
題、ミッション、使命。

27 金　人に会う日 ▶ プレゼントの日　　　　　　　　[ボイド]
他者との関係に、さらに一歩踏み込めるように。

28 土　プレゼントの日
人から貴重なものを受け取れる。提案を受ける場面も。

29 日　プレゼントの日 ▶ 旅の日　　　　　　　　　　[ボイド]
遠い場所との間に、橋が架かり始める。

30 月　旅の日
遠出したり、遠くから人が訪ねてくれたりする日。発信力

16 水 メッセージの日 ▶ 家の日   [ボイド] 05:02～05:36
生活環境や身内に目が向かう。原点回帰。

17 木 ○家の日
「普段の生活」が充実。身内との関係強化。環境改善ができる。
☽「家」のハウスで満月。居場所が「定まる」。身近な人との間で「心満ちる」とき。

18 金 家の日 ▶ 愛の日   [ボイド] 04:28～05:01
愛の追い風が吹く。好きなことができる。
◆金星が「ひみつ」のハウスへ。これ以降、純粋な愛情から行動できる。一人の時間の充実も。

19 土 愛の日
愛について嬉しいことがある。子育て、趣味、創作にも追い風が。

20 日 愛の日 ▶ メンテナンスの日   [ボイド] 04:35～05:09
「やりたいこと」から「やるべきこと」へのシフト。

21 月 メンテナンスの日
生活や心身の故障部分を修理できる。ケアしたり、されたり。

22 火 メンテナンスの日 ▶ 人に会う日   [ボイド] 06:02～07:51
「自分の世界」から「外界」へ出るような節目。

23 水 人に会う日
人に会ったり、会う約束をしたりする日。出会いの気配も。
◆太陽が「夢と友」のハウスへ。1年のサイクルの中で「友」「未来」に目を向ける季節へ。

24 木 ☽人に会う日 ▶ プレゼントの日   [ボイド] 13:49～14:26
他者との関係に、さらに一歩踏み込めるように。

25 金 プレゼントの日
人から貴重なものを受け取れる。提案を受ける場面も。

26 土 プレゼントの日   [ボイド] 17:05～
人から貴重なものを受け取れる。提案を受ける場面も。

27 日 プレゼントの日 ▶ 旅の日   [ボイド] ～00:49
遠い場所との間に、橋が架かり始める。

28 月 旅の日
遠出したり、遠くから人が訪ねてくれたりする日。発信力も増す。

29 火 旅の日 ▶ 達成の日   [ボイド] 12:56～13:31
意欲が湧く。はっきりした成果が出る時間へ。

30 水 達成の日
目標に手が届く。結果が出る日。人から認められる場面も。

31 木 達成の日
目標に手が届く。結果が出る日。人から認められる場面も。

11 ·NOVEMBER·

1	金	● 達成の日 ▶ 友だちの日　　　　　　　　　　[ボイド] 01:59〜02:31 肩の力が抜け、伸びやかな気持ちになれる。 ☾「夢と友」のハウスで新月。新しい仲間や友に出会えるとき。夢が生まれる。迷いが晴れる。
2	土	友だちの日 未来のプランを立てる。友だちと過ごせる。チームワーク。
3	日	友だちの日 ▶ ひみつの日　　　　　　　　　[ボイド] 13:53〜14:21 ざわめきから少し離れたくなる。自分の時間。 ◆水星が「ひみつ」のハウスへ。思考が深まる。思索、瞑想、誰かのための勉強。記録の精査。
4	月	ひみつの日 一人の時間。過去を振り返り、戦略を練る。自分を大事にする。 ◆火星が「ギフト」のハウスへ。誘惑と情熱の呼応。生命の融合。精神的支配。配当。負債の解消。
5	火	ひみつの日　　　　　　　　　　　　　　　　[ボイド] 19:25〜 一人の時間。過去を振り返り、戦略を練る。自分を大事にする。
6	水	ひみつの日 ▶ スタートの日　　　　　　　　　[ボイド] 〜00:19 新しいことを始めやすい時間に切り替わる。
7	木	スタートの日 主役の意識で動く。新しい選択肢を選べる。気持ちが切り替わる。
8	金	スタートの日 ▶ お金の日　　　　　　　　　[ボイド] 07:39〜07:59 物質面・経済活動が活性化する時間に入る。
9	土	◐ お金の日 いわゆる「金運がいい」日。実入りが良く、いい買い物もできそう。
10	日	お金の日 ▶ メッセージの日　　　　　　　　[ボイド] 09:25〜13:02 「動き」が出てくる。コミュニケーションの活性。
11	月	メッセージの日 待っていた朗報が届く。勉強が捗る。外に出たくなる日。
12	火	メッセージの日 ▶ 家の日　　　　　　　　　[ボイド] 15:15〜15:27 生活環境や身内に目が向かう。原点回帰。 ◆金星が「自分」のハウスに。あなたの魅力が輝く季節の到来。愛に恵まれる楽しい日々へ。
13	水	家の日 「普段の生活」が充実。身内との関係強化。環境改善ができる。
14	木	家の日 ▶ 愛の日　　　　　　　　　　　　　[ボイド] 15:52〜16:01 愛の追い風が吹く。好きなことができる。
15	金	愛の日 愛について嬉しいことがある。子育て、趣味、創作にも追い風が。 ◆土星が「コミュニケーション」のハウスで順行へ。対話や学習の努力が、意思疎通や理解に繋がる。

16 土
〇愛の日 ▶ メンテナンスの日 　　　　　　　　　[ボイド] 16:04〜16:10
「やりたいこと」から「やるべきこと」へのシフト。
☽「愛」のハウスで満月。愛が「満ちる」「実る」とき。クリエイティブな作品の完成。

17 日
メンテナンスの日
生活や心身の故障部分を修理できる。ケアしたり、されたり。

18 月
メンテナンスの日 ▶ 人に会う日 　　　　　　　　[ボイド] 13:10〜17:51
「自分の世界」から「外界」へ出るような節目。

19 火
人に会う日
人に会ったり、会う約束をしたりする日。出会いの気配も。

20 水
人に会う日 ▶ プレゼントの日 　　　　　　　　　[ボイド] 20:22〜22:53
他者との関係に、さらに一歩踏み込めるように。
◆冥王星が「生産」のハウスへ。ここから2043年頃にかけ、大きな経済活動に取り組むことに。

21 木
プレゼントの日
人から貴重なものを受け取れる。提案を受ける場面も。

22 金
プレゼントの日 　　　　　　　　　　　　　　　[ボイド] 22:16〜
人から貴重なものを受け取れる。提案を受ける場面も。
◆太陽が「ひみつ」のハウスへ。新しい1年を目前にしての、振り返りと準備の時期。

23 土
◑プレゼントの日 ▶ 旅の日 　　　　　　　　　　[ボイド] 〜08:03
遠い場所との間に、橋が架かり始める。

24 日
旅の日
遠出したり、遠くから人が訪ねてくれたりする日。発信力も増す。

25 月
旅の日 ▶ 達成の日 　　　　　　　　　　　　　[ボイド] 14:37〜20:21
意欲が湧く。はっきりした成果が出る時間へ。

26 火
達成の日
目標に手が届く。結果が出る日。人から認められる場面も。
◆水星が「ひみつ」のハウスで逆行開始。自問自答を重ねて、謎を解いていく。自己との対話。

27 水
達成の日 　　　　　　　　　　　　　　　　　[ボイド] 18:16〜
目標に手が届く。結果が出る日。人から認められる場面も。

28 木
達成の日 ▶ 友だちの日 　　　　　　　　　　　[ボイド] 〜09:22
肩の力が抜け、伸びやかな気持ちになれる。

29 金
友だちの日
未来のプランを立てる。友だちと過ごせる。チームワーク。

30 土
友だちの日 ▶ ひみつの日 　　　　　　　　　　[ボイド] 15:21〜20:55
ざわめきから少し離れたくなる。自分の時間。

12 ・DECEMBER・

1 日
●ひみつの日
一人の時間。過去を振り返り、戦略を練る。自分を大事にする。
🌙「ひみつ」のハウスで新月。密かな迷いから解放される。自他を救うための行動を起こす。

2 月
ひみつの日
一人の時間。過去を振り返り、戦略を練る。自分を大事にする。

3 火
ひみつの日 ▶ スタートの日 　　　　　　　　[ボイド] 00:49〜06:11
新しいことを始めやすい時間に切り替わる。

4 水
スタートの日
主役の意識で動く。新しい選択肢を選べる。気持ちが切り替わる。

5 木
スタートの日 ▶ お金の日 　　　　　　　　　[ボイド] 08:36〜13:23
物質面・経済活動が活性化する時間に入る。

6 金
お金の日
いわゆる「金運がいい」日。実入りが良く、いい買い物もできそう。

7 土
お金の日 ▶ メッセージの日 　　　　　　　　[ボイド] 09:03〜18:51
「動き」が出てくる。コミュニケーションの活性。
◆火星が「ギフト」のハウスで逆行開始。貸し借りの見積もりを再考して、力関係を整理する。◆金星が「生産」のハウスへ。経済活動の活性化、上昇気流。物質的豊かさの開花。

8 日
メッセージの日
待っていた朗報が届く。勉強が捗る。外に出たくなる日。
◆海王星が「コミュニケーション」のハウスで順行へ。精神的なコミュニケーションの再開。理解力の刷新。

9 月
●メッセージの日 ▶ 家の日 　　　　　　　　[ボイド] 17:46〜22:39
生活環境や身内に目が向かう。原点回帰。

10 火
家の日
「普段の生活」が充実。身内との関係強化。環境改善ができる。

11 水
家の日 　　　　　　　　　　　　　　　　　[ボイド] 07:15〜
「普段の生活」が充実。身内との関係強化。環境改善ができる。

12 木
家の日 ▶ 愛の日 　　　　　　　　　　　　　[ボイド] 〜00:57
愛の追い風が吹く。好きなことができる。

13 金
愛の日 　　　　　　　　　　　　　　　　　[ボイド] 21:41〜
愛について嬉しいことがある。子育て、趣味、創作にも追い風が。

14 土
愛の日 ▶ メンテナンスの日 　　　　　　　　[ボイド] 〜02:23
「やりたいこと」から「やるべきこと」へのシフト。

15 日
○メンテナンスの日 　　　　　　　　　　　　[ボイド] 23:33〜
生活や心身の故障部分を修理できる。ケアしたり、されたり。
🌙「任務」のハウスで満月。日々の努力や蓄積が「実る」。自他の体調のケアに留意。

16	月	メンテナンスの日 ▶ 人に会う日　　　　　　　　　　　　　　［ボイド］〜04:23 「自分の世界」から「外界」へ出るような節目。 ◆水星が「ひみつ」のハウスで順行へ。自分の感情への理解が深まる。自分の言葉の発見。
17	火	人に会う日 人に会ったり、会う約束をしたりする日。出会いの気配も。
18	水	人に会う日 ▶ プレゼントの日　　　　　　　　　　　　　［ボイド］03:35〜08:41 他者との関係に、さらに一歩踏み込めるように。
19	木	プレゼントの日 人から貴重なものを受け取れる。提案を受ける場面も。
20	金	プレゼントの日 ▶ 旅の日　　　　　　　　　　　　　　　［ボイド］14:21〜16:39 遠い場所との間に、橋が架かり始める。
21	土	旅の日 遠出したり、遠くから人が訪ねてくれたりする日。発信力も増す。 ◆太陽が「自分」のハウスへ。お誕生月の始まり、新しい1年への「扉」を開くとき。
22	日	旅の日　　　　　　　　　　　　　　　　　　　　　　　［ボイド］22:29〜 遠出したり、遠くから人が訪ねてくれたりする日。発信力も増す。
23	月	◑旅の日 ▶ 達成の日　　　　　　　　　　　　　　　　　［ボイド］〜04:09 意欲が湧く。はっきりした成果が出る時間へ。
24	火	達成の日　　　　　　　　　　　　　　　　　　　　　　［ボイド］19:46〜 目標に手が届く。結果が出る日。人から認められる場面も。
25	水	達成の日 ▶ 友だちの日　　　　　　　　　　　　　　　　［ボイド］〜17:08 肩の力が抜け、伸びやかな気持ちになれる。
26	木	友だちの日 未来のプランを立てる。友だちと過ごせる。チームワーク。
27	金	友だちの日　　　　　　　　　　　　　　　　　　　　　［ボイド］23:26〜 未来のプランを立てる。友だちと過ごせる。チームワーク。
28	土	友だちの日 ▶ ひみつの日　　　　　　　　　　　　　　　［ボイド］〜04:48 ざわめきから少し離れたくなる。自分の時間。
29	日	ひみつの日 一人の時間。過去を振り返り、戦略を練る。自分を大事にする。
30	月	ひみつの日 ▶ スタートの日　　　　　　　　　　　　　　［ボイド］08:36〜13:39 新しいことを始めやすい時間に切り替わる。
31	火	●スタートの日 主役の意識で動く。新しい選択肢を選べる。気持ちが切り替わる。 ☽「自分」のハウスで新月。大切なことがスタートする節目。フレッシュな「切り替え」。

カレンダー解説の文字・線の色

あなたの星座にとって星の動きがどんな意味を
持つか、わかりやすくカレンダーに書き込んで
みたのが、P.89からの「カレンダー解説」です。
色分けは厳密なものではありませんが、だいた
い以下のようなイメージで分けられています。

――― **赤色**
インパクトの強い出来事、意欲や情熱、
パワーが必要な場面。

――― 水色
ビジネスや勉強、コミュニケーションなど、
知的な活動に関すること。

――― **紺色**
重要なこと、長期的に大きな意味のある変化。
精神的な変化、健康や心のケアに関すること。

――― 緑色
居場所、家族に関すること。

――― **ピンク色**
愛や人間関係に関すること。嬉しいこと。

―――オレンジ色
経済活動、お金に関すること。

山羊座 2024年の
カレンダー解説

● 解説の文字・線の色のイメージは P.88 をご参照下さい ●

1 · JANUARY ·

mon	tue	wed	thu	fri	sat	sun
1	2	3	4	5	6	7
8	9	10	⑪	12	13	14
15	16	17	18	19	20	㉑
22	23	24	25	26	27	28
29	30	31				

2 · FEBRUARY ·

mon	tue	wed	thu	fri	sat	sun
			1	2	3	4
5	6	7	8	9	10	11
12	13	14	15	16	17	18
19	20	21	22	23	24	25
26	27	28	29			

1/4–2/13 勝負の時。ガンガンチャレンジできる。自分から何か新しいことを起ち上げる人も。自分自身との闘いに勝つ。長い間の野心の、最終的な到達点が視野に入る。

1/11 特別なスタートライン。新しいことを始められる。目新しいことが起こる。素敵な節目。

1/21 これ以降、欲しいものが視野に入るかも。「どんなに手間と時間をかけてもいいから手に入れたい！」と思えるようなものに出会える。

1/23–2/17 キラキラ輝くような、楽しい時間。愛にも強い光が射し込む。特に13日までは情熱的な愛のドラマを生きられる。愛に積極的になれる。より魅力的に「変身」する人も。

2/17–3/12 熱い経済活動の時間。精力的に稼ぎ、欲しいものを手に入れられる。お金が大きく動く時。お金に関して嬉しいことが多い。

3 ·MARCH·

mon	tue	wed	thu	fri	sat	sun
				1	2	3
4	5	6	7	8	9	(10)
11	12	13	14	15	16	17
18	19	20	21	22	23	24
(25)	26	27	28	29	30	31

3/10–5/16 家族や住処についてやるべきことがたくさんある時。身近な人とコミュニケーションを重ねられる。家の中を徹底的に整理できる。

3/25 仕事や対外的な活動において、大きな成果を出せそう。頑張ってきたことが認められる。意外な形で「ブレイク」を果たす人も。

4/2–4/29 懐かしい人が帰ってくるかも。または、自分が帰ることになるかも。

4 ·APRIL·

mon	tue	wed	thu	fri	sat	sun
1	2	3	4	5	6	7
8	(9)	10	11	12	13	14
15	16	17	18	19	20	21
22	23	24	25	26	27	28
29	30					

4/9 居場所に新風が吹き込む。生活の中に新メンバーが加わる。生活を包む風景がパッと変わるようなタイミング。

4/29–5/24 最高の愛の季節。これ以上はないほどの強い追い風が吹く。クリエイティブな活動にも大チャンスが巡ってくる。遊び、趣味、子育てにも楽しく取り組める。

5 ·MAY·

mon	tue	wed	thu	fri	sat	sun
		1	2	3	4	5
6	7	8	9	10	11	12
13	14	15	16	17	18	19
20	21	22	23	24	25	㉖
27	28	29	30	31		

5/1–6/9 「居場所が動く」時。引っ越しや模様替え、家族構成の変化などが起こるかも。身近な人としっかり思いをぶつけ合える。「膿を出してスッキリする」ような試みも。

5/26 「新たな役割を得る・暮らし方を変える」時間へ。周囲からの期待の変化に気づき、担うことの内容が変わる。転職したり、日常の時間の使い方を大きく変えたりする人も。

5/26–6/17 新鮮な多忙期。依頼や相談が集まってくる。山積みのタスクに揉まれながら、自分の真の役割を見いだせる。暮らし方を刷新できる。

6 ·JUNE·

mon	tue	wed	thu	fri	sat	sun
					1	2
3	4	5	6	7	8	9
10	11	12	13	14	15	16
17	18	19	20	21	㉒	23
24	25	26	27	28	29	30

6/17–7/12 人に恵まれる。パートナーシップや恋愛にも、強い追い風が吹く。多くのコミュニケーションが生まれる。協力体制が整う。

6/22 達成、到達の時。「一皮むける」タイミング。物事が満ちる、努力が実る時。ここが「第一弾」で、7/21が「第二弾」。二段ロケットでの「達成」。

7 ·JULY·

mon	tue	wed	thu	fri	sat	sun
1	2	3	4	5	⑥	7
8	9	10	11	12	13	14
15	16	17	18	19	20	㉑
22	23	24	25	26	27	28
29	30	31				

7/6 素敵な出会いの時。パートナーとの関係に新鮮な風が流れ込む。対話や交渉が始まる。

7/21 6/22の「次」の展開が起こる。さらに「その先」に進める。もう一回り大きな結果を出せる。

7/21−9/5 ぐっと調子が良くなる。ライフスタイルをバージョンアップできる。パワーアップする。転職活動に打ち込み、結果を出す人も。自分に合った役割を得るための挑戦の時。

8 ·AUGUST·

mon	tue	wed	thu	fri	sat	sun
			1	2	3	4
5	6	7	8	9	10	11
12	13	14	15	16	17	18
19	20	21	22	23	24	25
26	27	28	㉙	30	31	

8/5−8/15 遠くから懐かしい人が訪ねてくるかも。または、自ら懐かしい場所を再訪することになるかも。距離を越え、過去に戻れる。

8/29−9/23 キラキラしたチャンスが巡ってくる。人から褒められる場面が増える。日々の活動がとても楽しくなる。ここから11月にかけて、長年の野心の「ダメ押し」のようなアクションを起こせる。

9 · SEPTEMBER ·

mon	tue	wed	thu	fri	sat	sun
						1
2	3	4	5	6	7	8
9	10	11	12	13	14	15
16	17	18	19	20	21	22
23	24	25	26	27	28	29
30						

9/5–11/4　人間関係に熱がこもる。刺激的な人物、強烈な印象をまとう人物との出会い。タフな交渉や「対決」に臨む人も。

9/18　驚きの朗報が飛び込んでくる。劇的に「解る」ことがある。コミュニケーションが大きく広がる。

10 · OCTOBER ·

mon	tue	wed	thu	fri	sat	sun
	1	2	3	4	5	6
7	8	9	10	11	12	13
14	15	16	17	18	19	20
21	22	23	24	25	26	27
28	29	30	31			

10/3　新しいミッションがスタートする。かなり意外な経緯で、ぽんと新しいポジションに立つことになるかも。不思議な縁を伝ってチャンスが舞い込む。

10/17　居場所や家族に関して、嬉しいことが起こりそう。身近な人への働きかけが実を結ぶ。「根を下ろす」実感。

11 · NOVEMBER ·

mon	tue	wed	thu	fri	sat	sun
				1	2	3
④	5	6	7	8	9	10
11	12	13	14	15	16	17
18	19	⑳	21	22	23	24
25	26	27	28	29	30	

12 · DECEMBER ·

mon	tue	wed	thu	fri	sat	sun
						1
2	3	4	5	6	7	8
9	10	11	12	13	14	15
16	17	18	19	20	21	22
23	24	25	26	27	28	29
30	㉛					

11/4–2025/1/6　経済活動が熱く盛り上がる。パートナーの経済活動が活性期に。これまで感じたことのないような、熱い欲望を感じる人も。

11/12–12/7　キラキラ輝くような、楽しい時間。愛にも強い光が射し込む。より魅力的に「変身」する人も。

11/20　ここから2043年にかけて、経済活動のスケールが何倍にも大きくなる。非常に大きな財を築く人も。欲望が強くなる。「欲しい」と思う気持ちが、生活全体を動かす原動力になる。

11/26–12/16　過去との不思議な邂逅が起こる。「戻ってくる」ものがある。懐かしい世界に一旦戻る。

12/31　1/11に続く、今年二度目の山羊座の新月。年初に志したことが叶ったかどうか、確認できるような出来事が起こるかも。これまでを振り返った上で、新たなスタートを切れる。

2024年のプチ占い（天秤座～魚座）

天秤座（9/24-10/23生まれ）

出会いとギフトの年。自分では決して出会えないようなものを、色々な人から手渡される。チャンスを作ってもらえたり、素敵な人と繋げてもらえたりするかも。年の後半は大冒険と学びの時間に入る。

蠍座（10/24-11/22生まれ）

パートナーシップと人間関係の年。普段関わるメンバーが一変したり、他者との関わり方が大きく変わったりする。人と会う機会が増える。素晴らしい出会いに恵まれる。人から受け取るものが多い年。

射手座（11/23-12/21生まれ）

働き方や暮らし方を大きく変えることになるかも。健康上の問題を抱えていた人は、心身のコンディションが好転する可能性が。年の半ば以降は、出会いと関わりの時間に入る。パートナーを得る人も。

山羊座（12/22-1/20生まれ）

2008年頃からの「魔法」が解けるかも。執着やこだわり、妄念から解き放たれる。深い心の自由を得られる。年の前半は素晴らしい愛と創造の季節。楽しいことが目白押し。後半は新たな役割を得る人も。

水瓶座（1/21-2/19生まれ）

野心に火がつく。どうしても成し遂げたいことに出会えるかも。自分を縛ってきた鎖を粉砕するような試みができる。年の前半は新たな居場所を見つけられるかも。後半はキラキラの愛と創造の時間へ。

魚座（2/20-3/20生まれ）

コツコツ続けてきたことが、だんだんと形になる。理解者に恵まれ、あちこちから意外な助け船を出してもらえる年。年の半ばから約1年の中で、新しい家族が増えたり、新たな住処を見つけたりできる。

（※牡羊座～乙女座はP.30）

星のサイクル
海王星

✿ 海王星のサイクル

　現在魚座に滞在中の海王星は、2025年3月に牡羊座へと移動を開始し、2026年1月に移動を完了します。つまり今、私たちは2012年頃からの「魚座海王星時代」を後にし、新しい「牡羊座海王星時代」を目前にしているのです。海王星のサイクルは約165年ですから、一つの星座の海王星を体験できるのはいずれも、一生に一度です。海王星は幻想、理想、夢、無意識、音楽、映像、海、オイル、匂いなど、目に見えないもの、手で触れないものに関係の深い星です。現実と理想、事実と想像、生と死を、私たちは生活の中で厳密に分けていますが、たとえば詩や映画、音楽などの世界では、その境界線は極めて曖昧になります。さらに、日々の生活の中でもごくマレに、両者の境界線が消える瞬間があります。その時私たちは、人生の非常に重要な、ある意味危険な転機を迎えます。「精神のイニシエーション」をしばしば、私たちは海王星とともに過ごすのです。以下、来年からの新しい「牡羊座海王星時代」を、少し先取りして考えてみたいと思います。

◆○○○◆○○○◆○○○◆○○○◆○○○◆○○○◆○○○◆○○○◆○○○◆○○○◆○○○◆

海王星のサイクル年表 （詳しくは次のページへ）

時　期	山羊座のあなたにとってのテーマ
1928年 - 1943年	精神の学び
1942年 - 1957年	人生の、真の精神的目的
1955年 - 1970年	できるだけ美しい夢を描く
1970年 - 1984年	大スケールの「救い」のプロセス
1984年 - 1998年	コントロール不能な、精神的成長の過程
1998年 - 2012年	魂とお金の関係
2011年 - 2026年	価値観、世界観の精神的アップデート
2025年 - 2039年	居場所、水、清らかな感情
2038年 - 2052年	愛の救い、愛の夢
2051年 - 2066年	心の生活、セルフケアの重要性
2065年 - 2079年	「他者との関わり」という救い
2078年 - 2093年	経済活動が「大きく回る」時

※時期について／海王星は順行・逆行を繰り返すため、星座の境界線を
何度か往復してから移動を完了する。上記の表で、開始時は最初の移動の
タイミング、終了時は移動完了のタイミング。

◆○○○◆○○○◆○○○◆○○○◆○○○◆○○○◆○○○◆○○○◆○○○◆○○○◆○○○◆

◆ 1928-1943年 精神の学び

ここでの学びの目的は単に知識を得ることではなく、学びを通した精神的成長です。学びのプロセスは言わば「手段」です。「そんなことを学んで、なんの役に立つの？」と聞かれ、うまく答えられないようなことこそが、この時期真に学ぶべきテーマだからです。学びを通して、救いを得る人もいるはずです。

◆ 1942-1957年 人生の、真の精神的目的

仕事で大成功して「これはお金のためにやったのではない」と言う人がいます。「では、なんのためなのか」は、その人の精神に、答えがあります。この時期、あなたは自分の人生において真に目指せるものに出会うでしょう。あるいは、多くの人から賞賛されるような「名誉」を手にする人もいるはずです。

◆ 1955-1970年 できるだけ美しい夢を描く

人生で一番美しく、大きく、素敵な夢を描ける時です。その夢が実現するかどうかより、できるだけ素晴らしい夢を描くということ自体が重要です。夢を見たことがある人と、そうでない人では、人生観も大きく異なるからです。大きな夢を描き、希望を抱くことで、人生で最も大切な何かを手に入れられます。

◆ 1970-1984年 大スケールの「救い」のプロセス

あなたにとって「究極の望み」「一番最後の望み」があるとしたら、どんな望みでしょうか。「一つだけ願いを叶えてあげるよ」と言われたら、何を望むか。この命題に、新しい答えを見つけられます。「一つだけ叶う願い」は、あなたの心の救いとなり、さらに、あなたの大切な人を救う原動力ともなります。

◆ **1984-1998年 コントロール不能な、精神的成長の過程**

「自分」が靄に包まれたように見えなくなり、アイデンティティ
を見失うことがあるかもしれません。意識的なコントロールや
努力を離れたところで、人生の神髄に触れ、精神的な成長が深
まります。この時期を終える頃、決して衰えることも傷つくこ
ともない、素晴らしい人間的魅力が備わります。

◆ **1998-2012年 魂とお金の関係**

経済活動は「計算」が基本です。ですがこの時期は不思議と「計
算が合わない」傾向があります。世の経済活動の多くは、実際
には「割り切れないこと」だらけです。こうした「1+1=2」
にならない経済活動の秘密を見つめるための「心の力」が成長
する時期です。魂とお金の関係の再構築が進みます。

◆ **2011-2026年 価値観、世界観の精神的アップデート**

誰もが自分のイマジネーションの世界を生きています。どんな
に「目の前の現実」を生きているつもりでも、自分自身の思い
込み、すなわち「世界観」の外には、出られないのです。そう
した「世界観」の柱となるのが、価値観や思想です。そうした
世界観、枠組みに、大スケールのアップデートが起こります。

◆ **2025-2039年 居場所、水、清らかな感情**

心の風景と実際の生活の場の風景を、時間をかけて「洗い上げ
る」ような時間です。家族や「身内」と呼べる人たちとの深い
心の交流が生まれます。居場所や家族との関係の変容がそのま
ま、精神的成長に繋がります。物理的な居場所のメンテナンス
が必要になる場合も。特に水回りの整備が重要な時です。

◆ 2038-2052年 愛の救い、愛の夢

感受性がゆたかさを増し、才能と個性が外界に向かって大きく開かれて、素晴らしい創造性を発揮できる時です。人の心を揺さぶるもの、人を救うものなどを、あなたの活動によって生み出せます。誰もが心の中になんらかの痛みや傷を抱いていますが、そうした傷を愛の体験を通して「癒し合える」時です。

◆ 2051-2066年 心の生活、セルフケアの重要性

できる限りワガママに「自分にとっての、真に理想と言える生活のしかた」を作ってゆく必要があります。自分の精神や「魂」が心底求めている暮らし方を、時間をかけて創造できます。もっともらしい精神論に惑わされて自分を見失わないで。他者にするのと同じくらい、自分自身をケアしたい時です。

◆ 2065-2079年 「他者との関わり」という救い

人から精神的な影響を受ける時期です。一対一での他者との関わりの中で、自分の考え方や価値観の独特な癖に気づかされ、さらに「救い」を得られます。相手が特に「救おう」というつもりがなくとも、その関係の深まり自体が救いとなるのです。人生を変えるような、大きな心の結びつきを紡ぐ時間です。

◆ 2078-2093年 経済活動が「大きく回る」時

「人のために、自分の持つ力を用いる」という意識を持つことと、「自分ではどうにもできないこと」をありのままに受け止めること。この二つのスタンスが、あなたを取り巻く経済活動を大きく活性化させます。無欲になればなるほど豊かさが増し、生活の流れが良くなるのです。性愛の夢を生きる人も。

〜先取り！ 2025年からのあなたの「海王星時代」〜
居場所、水、清らかな感情

たとえば家を建てる時、神社にお願いをして「お祓い」をしてもらうことがあります。土地の神様に挨拶をし、穢(けが)れを祓い、未来の安寧をお願いする行事です。この時期のあなたの「住処(すみか)」は、そんなふうに「浄(きよ)められる」プロセスに入っています。家の中で、あるいは家族との関係において、非常に深い精神的交流を持てそうです。あるいは、何カ所か住まいを移動して「真の居場所」を見出(みいだ)す人もいるでしょう。たとえばバックパッカーとして世界中を渡り歩いている人は、第三者の目に「居場所を持たない人」と見えますが、本人にとっては「旅こそが安住の場所」と思えているのかもしれません。それに似て、この時期は「居場所」が必ずしも、物理的な「場所」と結びつきません。この時期の「居場所」はイコール、あなたの心の置き場所を意味します。一方、物理的な家屋に関しては、水回りのメンテナンスをしっかりしたい時期です。たとえばこの時期に、お風呂やトイレのリフォーム等をする人もいるでしょう。居場所の水は、人の感情に通じます。

◆◇◇◇◆◇◇◇◆◇◇◇◆◇◇◇◆◇◇◇◆◇◇◇◆◇◇◇◆◇◇◇◆◇◇◇◆

　この時期、心の中の風景がじわじわと変わります。「精神の環境変化」と言えるようなプロセスが進行中なのです。または、「心の洗濯」という表現があります。「洗濯」をする時、私たちは洗いたいものをまず、びっしょり濡らします。そして、そこに洗剤などをこすりつけます。この段階では、洗う前よりもずっと、ある意味「よごれた」状態になっています。そのまま着ることはもちろん、できません。汚れと洗剤を落とし、すすぎ、乾かしてやっと、キレイな状態に生まれ変わります。洗濯が終わった後はちゃんとスッキリキレイになるわけですが、洗濯の「最中」は、最も「着られない」状態になるのです。この時期あなたの心に起こるのは、たとえばそんな変容なのかもしれません。

　居場所を清らかにすること、心地良く保つこと、美しくすること、いい匂いの、優しい感触の環境を作ること。このことは、この時期とても大切です。現実に自分を取り巻く風景はそのまま、「心の風景」に強い影響を与えるからです。悲しみや不安は決して「悪いもの」ではありません。それを揉みに揉んだ時、汚れがキレイに取れ、流されていくこともあるのだと思います。

◆◇◇◇◆◇◇◇◆◇◇◇◆◇◇◇◆◇◇◇◆◇◇◇◆◇◇◇◆◇◇◇◆◇◇◇◆

12星座プロフィール

山羊座のプロフィール
実現の星座

I use.

キャラクター

◈「野心家」と「臆病さ」の二面性

　山羊座の人の心には、誇り高さと燃えるような野心が備わっています。生まれながらに「社会」を視野に捉えているのです。社会には強者と弱者がいて、理想と現実、建て前と本音とがあります。山羊座の人々は社会のこうした「差」を見通し、社会の中で傷つけ踏みつけられることのないよう、大きな力を手に入れたいと願うのです。もとい、「願う」では弱いかもしれません。山羊座の人々はごく自然に、幼い頃から社会的な力を身につけることを「決意」します。熱い野心を燃やし、しっかりとこの世の階段を上っていくのです。

　山羊座の人々の「野心」は、人を従えたいとか、過剰な富を手に入れて贅沢をしたいといったものではありません。そうではなく、まず社会というものの「怖さ」を見抜いていて、その「怖さ」から自分や大切な人を確実に守りたいという思いから生まれた「野心」です。

　山羊座の人々は非常に勇敢な挑戦者ですが、心の奥に臆

病さを抱えた策略家でもあります。手強い敵に立ち向かう勇者の心には、勇気と同じくらい、否、それ以上の恐怖心が宿っているものです。だからこそ、彼らは手に入れるべきものを手に入れることができます。雲や星を欲しがるような空疎な夢を追うことも、身動きが取れないほど重く堅い鎧を身につけることも、しないでいられるのです。

◇ 努力の意味

　山羊座の人はしばしば「努力家」と言われます。ですが、この評に違和感を抱く山羊座の人は少なくありません。山羊座の人々は「努力」自体が好きなのではなく、目標を掲げてそれを達成することこそが好きなのです。もし、努力しないで成功できる薬があれば、山羊座の人々は間違いなくそれを口にするでしょう。努力は手段に過ぎません。「無駄な努力」は、たとえ「努力」であっても、山羊座の人の軽蔑するところです。最短距離でできるだけ楽にゴールに辿り着くのが、山羊座の使命なのです。

◇ 時間の魔法

　山羊座の人々が無駄な努力よりも最短距離を、精神論より合理性を追求するのは、「時間の大切さ」を誰よりも知っているからかもしれません。山羊座は「時間」の星座です。

時間がどんなに大きな力を持つか、山羊座の人は熟知しているのです。たとえば、長い歴史に鍛えられた芸術の素晴らしさや、時間を経て培われた文化の深さは、山羊座の世界のものです。時間を経なければでき上がらないものがある一方で、人一人の人生ははかなく、ごく短いものと言わねばなりません。山羊座の人は、時間を大切にし、時間に敬意を払っているからこそ、合理的に時間を使おうとするのだろうと思います。

◈ 華やかさと優雅さ

「合理的に時間を使う」ということは、単に「仕事や作業を効率的に行う」ということだけを意味しません。山羊座の人は、仕事や任務と同じくらい、人生を豊かに楽しむことを重視します。音楽会やお芝居に出かけ、映画を観て、展覧会を回り、自らも演じ奏でる時間を持つことは、山羊座の人の人生の、もう一つの目的と言えます。「真面目で几帳面」という山羊座評は、楽しむことを知らない朴念仁を連想させますが、それは決して現実に合っていません。山羊座は「牧神パン」と結びつけられることがありますが、享楽的で真の喜びを知るパンの世界は、山羊座の人生にも色濃く刻まれているのです。ゆえに、お祭りやパーティーを好む人も少なくありません。

美しい衣装を好むことも、古くからの山羊座の特徴です。山羊座は冬の星座であり、布は冬に最も必要とされるから、と注釈されていますが、山羊座の人が求めるのは、実用性だけではありません。原色のファッションや人の目を引く大きなモチーフを自然に着こなすセンスは、山羊座独特のものと言えるでしょう。

支配星・神話

◆ 土星と、ウェスタ

　山羊座を支配するのは、時間と冷却の星・土星です。世の中で最も強大な、リアルな力を司る星です。守護神は「竈の女神」ウェスタ、ギリシャ神話のヘスティアです。人々の命と生活を守るあたたかな「聖なる竈」は、あくまで冷たくかたい石やレンガで作られます。山羊座の仕組みそのものです。

◆ 山羊座の神話

　ギリシャ神話での最高位の神はゼウスですが、その地位を得るまでには様々な戦いがありました。怪物テュポーンとの戦いでは、ゼウスは手足の「腱（骨と筋肉をつなぐ部分。アキレス腱もそのひとつ）」を、テュポーンに奪い取られてしまいました。

このとき、ゼウスの「腱」を取り戻したのが、ゼウスの息子パンでした。テュポーンのもとにこっそり忍び込み、すばやく「腱」を奪い取ると、すぐさま逃げ出したのです。逃げ出すとき、パンは「上半身がヤギ、下半身が魚」というおかしな姿に変身しており、ゼウスはパンをこの姿のまま天に上げて、星座にしました。あらゆる手段を用いて困難に挑み、確かに成果を挙げる。山羊座のテーマがまさに、このお話に刻み込まれています。また、ちょっとおかしな格好をしているのも面白いところです。山羊座の人の「派手好み」が、そこにチラリと映し出されているようです。

山羊座の才能

　古きを学んで新しいことにチャレンジする勇気を備えています。伝統を未来に活かすことに、本気で取り組める人です。積極的行動力に恵まれ、結果を出すことに強い責任感を持ち、常に前進を諦めません。「より高い場所に立つことを目指す」ことにおいて、山羊座の右に出る星座はありません。「世の中」に自分を位置づけて生きる人です。他者に対する影響力が非常に強く、あなたに憧れている人はたくさんいるでしょう。人を説得すること、率いることにかけては、抜群の才能を持っています。多趣味な人が多く、その趣味の才能を人脈や仕事などに活かすことも上手です。

牡羊座　はじまりの星座　　　　　　　　　　　I am.

素敵なところ

裏表がなく純粋で、自他を比較しません。明るく前向きで、正義感が強く、諍い（いさか）のあともさっぱりしています。欲しいものを欲しいと言える勇気、自己主張する勇気、誤りを認める勇気の持ち主です。

キーワード

勢い／勝負／果断／負けず嫌い／せっかち／能動的／スポーツ／ヒーロー・ヒロイン／華やかさ／アウトドア／草原／野生／丘陵／動物愛／議論好き／肯定的／帽子・頭部を飾るもの／スピード／赤

 ## 牡牛座　五感の星座　　　　　　　　　　　　I have.

素敵なところ

感情が安定していて、態度に一貫性があります。知識や経験をたゆまずゆっくり、たくさん身につけます。穏やかでも不思議な存在感があり、周囲の人を安心させます。美意識が際立っています。

キーワード

感覚／色彩／快さ／リズム／マイペース／芸術／暢気（のんき）／贅沢／コレクション／一貫性／素直さと頑固さ／価値あるもの／美声・歌／料理／庭造り／変化を嫌う／積み重ね／エレガント／レモン色／白

 ## 双子座　知と言葉の星座　　　　　　　　　　I think.

素敵なところ

イマジネーション能力が高く、言葉と物語を愛するユニークな人々です。フットワークが良く、センサーが敏感で、いくつになっても若々しく見えます。場の空気・状況を変える力を持っています。

キーワード

言葉／コミュニケーション／取引・ビジネス／相対性／比較／関連づけ／物語／比喩／移動／旅／ジャーナリズム／靴／天使・翼／小鳥／桜色／桃色／空色／文庫本／文房具／手紙

蟹座　感情の星座

I feel.

素敵なところ

心優しく、共感力が強く、人の世話をするときに手間を惜しみません。行動力に富み、人にあまり相談せずに大胆なアクションを起こすことがありますが、「聞けばちゃんと応えてくれる」人々です。

キーワード

感情／変化／月／守護・保護／日常生活／行動力／共感／安心／繰り返すこと／拒否／生活力／フルーツ／アーモンド／巣穴／胸部、乳房／乳白色／銀色／真珠

獅子座　意思の星座

I will.

素敵なところ

太陽のように肯定的で、安定感があります。深い自信を持っており、側にいる人を安心させることができます。人を頷かせる力、一目置かせる力、パワー感を持っています。内面には非常に繊細な部分も。

キーワード

強さ／クールさ／肯定的／安定感／ゴールド／背中／自己表現／演技／芸術／暖炉／広場／人の集まる賑やかな場所／劇場・舞台／お城／愛／子供／緋色／パープル／緑

乙女座　分析の星座

I analyze.

素敵なところ

一見クールに見えるのですが、とても優しく世話好きな人々です。他者に対する観察眼が鋭く、シャープな批評を口にしますが、その相手の変化や成長を心から喜べる、「教育者」の顔を持っています。

キーワード

感受性の鋭さ／「気が利く」人／世話好き／働き者／デザイン／コンサバティブ／胃腸／神経質／分析／調合／変化／回復の早さ／迷いやすさ／研究家／清潔／ブルーブラック／空色／桃色

天秤座　関わりの星座

I balance.

素敵なところ

高い知性に恵まれると同時に、人に対する深い愛を抱いています。視野が広く、客観性を重視し、細やかな気遣いができます。内側には熱い情熱を秘めていて、個性的なこだわりや競争心が強い面も。

キーワード

人間関係／客観視／合理性／比較対象／美／吟味／審美眼／評価／選択／平和／交渉／結婚／諍（いさか）い／調停／パートナーシップ／契約／洗練／豪奢／黒／芥子（からし）色／深紅色／水色／薄い緑色／ベージュ

蠍座　情熱の星座

I desire.

素敵なところ

意志が強く、感情に一貫性があり、愛情深い人々です。一度愛したものはずっと長く愛し続けることができます。信頼に足る、芯の強さを持つ人です。粘り強く努力し、不可能を可能に変えます。

キーワード

融け合う心／継承／遺伝／魅力／支配／提供／共有／非常に古い記憶／放出／流動／隠されたもの／湖沼／果樹園／庭／葡萄酒／琥珀／茶色／濃い赤／カギつきの箱／ギフト

射手座　冒険の星座

I understand.

素敵なところ

冒険心に富む、オープンマインドの人々です。自他に対してごく肯定的で、恐れを知らぬ勇気と明るさで周囲を照らし出します。自分の信じるものに向かってまっすぐに生きる強さを持っています。

キーワード

冒険／挑戦／賭け／負けず嫌い／馬や牛など大きな動物／遠い外国／語学／宗教／理想／哲学／おおらかさ／自由／普遍性／スピードの出る乗り物／船／黄色／緑色／ターコイズブルー／グレー

山羊座　実現の星座　　　　I use.

素敵なところ

夢を現実に変えることのできる人々です。自分個人の世界だけに収まる小さな夢ではなく、世の中を変えるような、大きな夢を叶えることができる力を持っています。優しく力強く、芸術的な人です。

キーワード

城を築く／行動力／実現／責任感／守備／権力／支配者／組織／芸術／伝統／骨董品／彫刻／寺院／華やかな色彩／ゴージャス／大きな楽器／黒／焦げ茶色／薄い茜色／深緑

 水瓶座　思考と自由の星座　　　　I know.

素敵なところ

自分の頭でゼロから考えようとする、澄んだ思考の持ち主です。友情に篤く、損得抜きで人と関わろうとする、静かな情熱を秘めています。ユニークなアイデアを実行に移すときは無二の輝きを放ちます。

キーワード

自由／友情／公平・平等／時代の流れ／流行／メカニズム／合理性／ユニセックス／神秘的／宇宙／飛行機／通信技術／電気／メタリック／スカイブルー／チェック、ストライプ

 魚座　透明な心の星座　　　　I believe.

素敵なところ

人と人とを分ける境界線を、自由自在に越えていく不思議な力の持ち主です。人の心にするりと入り込み、相手を支え慰めることができます。場や世界を包み込むような大きな心を持っています。

キーワード

変容／変身／愛／海／救済／犠牲／崇高／聖なるもの／無制限／変幻自在／天衣無縫／幻想／瞑想／蠱惑（こわく）／エキゾチック／ミステリアス／シースルー／黎明／白／ターコイズブルー／マリンブルー

用語解説

星の逆行

　星占いで用いる星々のうち、太陽と月以外の惑星と冥王星は、しばしば「逆行」します。これは、星が実際に軌道を逆走するのではなく、あくまで「地球からそう見える」ということです。

　たとえば同じ方向に向かう特急電車が普通電車を追い抜くとき、相手が後退しているように見えます。「星の逆行」は、この現象に似ています。地球も他の惑星と同様、太陽のまわりをぐるぐる回っています。ゆえに一方がもう一方を追い抜くとき、あるいは太陽の向こう側に回ったときに、相手が「逆走している」ように見えるのです。

　星占いの世界では、星が逆行するとき、その星の担うテーマにおいて停滞や混乱、イレギュラーなことが起こる、と解釈されることが一般的です。ただし、この「イレギュラー」は「不運・望ましくない展開」なのかというと、そうではありません。

　私たちは自分なりの推測や想像に基づいて未来の計画を立て、無意識に期待し、「次に起こること」を待ち受けます。その「待ち受けている」場所に思い通りのボールが飛んでこなかったとき、苛立ちや焦り、不安などを感じます。でも、そのこと自体が「悪いこと」かというと、決してそうではないはずです。なぜなら、人間の推測や想像には、限界があるか

116

らです。推測通りにならないことと、「不運」はまったく別のことです。

　星の逆行時は、私たちの推測や計画と、実際に巡ってくる未来とが「噛み合いにくい」ときと言えます。ゆえに、現実に起こる出来事全体が、言わば「ガイド役・導き手」となります。目の前に起こる出来事に導いてもらうような形で先に進み、いつしか、自分の想像力では辿り着けなかった場所に「つれていってもらえる」わけです。

　水星の逆行は年に三度ほど、一回につき3週間程度で起こります。金星は約1年半ごと、火星は2年に一度ほど、他の星は毎年太陽の反対側に回る数ヵ月、それぞれ逆行します。

　たとえば水星逆行時は、以下のようなことが言われます。

◆ 失せ物が出てくる／この時期なくしたものはあとで出てくる

◆ 旧友と再会できる

◆ 交通、コミュニケーションが混乱する

◆ 予定の変更、物事の停滞、遅延、やり直しが発生する

　これらは「悪いこと」ではなく、無意識に通り過ぎてしまった場所に忘れ物を取りに行くような、あるいは、トンネルを通って山の向こうへ出るような動きです。掛け違えたボタンを外してはめ直すようなことができる時間なのです。

ボイドタイム―月のボイド・オブ・コース

　ボイドタイムとは、正式には「月のボイド・オブ・コース」となります。実は、月以外の星にもボイドはあるのですが、月のボイドタイムは3日に一度という頻度で巡ってくるので、最も親しみやすい（？）時間と言えます。ボイドタイムの定義は「その星が今いる星座を出るまで、他の星とアスペクト（特別な角度）を結ばない時間帯」です。詳しくは占星術の教科書などをあたってみて下さい。

　月のボイドタイムには、一般に、以下のようなことが言われています。

◆ 予定していたことが起こらない／想定外のことが起こる

◆ ボイドタイムに着手したことは無効になる

◆ 期待通りの結果にならない

◆ ここでの心配事はあまり意味がない

◆ 取り越し苦労をしやすい

◆ 衝動買いをしやすい

◆ この時間に占いをしても、無効になる。意味がない

　ボイドをとても嫌う人も少なくないのですが、これらをよく見ると、「悪いことが起こる」時間ではなく、「あまりいろいろ気にしなくてもいい時間」と思えないでしょうか。

とはいえ、たとえば大事な手術や面接、会議などがこの時間帯に重なっていると「予定を変更したほうがいいかな？」という気持ちになる人もいると思います。

　この件では、占い手によっても様々に意見が分かれます。その人の人生観や世界観によって、解釈が変わり得る要素だと思います。

　以下は私の意見なのですが、大事な予定があって、そこにボイドや逆行が重なっていても、私自身はまったく気にしません。

　では、ボイドタイムは何の役に立つのでしょうか。一番役に立つのは「ボイドの終わる時間」です。ボイド終了時間は、星が星座から星座へ、ハウスからハウスへ移動する瞬間です。つまり、ここから新しい時間が始まるのです。

　たとえば、何かうまくいかないことがあったなら、「366日のカレンダー」を見て、ボイドタイムを確認します。もしボイドだったら、ボイド終了後に、物事が好転するかもしれません。待っているものが来るかもしれません。辛い待ち時間や気持ちの落ち込んだ時間は、決して「永遠」ではないのです。

月齢について

　本書では月の位置している星座から、自分にとっての「ハウス」を読み取り、毎日の「月のテーマ」を紹介しています。ですが月にはもう一つの「時計」としての機能があります。それは、「満ち欠け」です。

　月は1ヵ月弱のサイクルで満ち欠けを繰り返します。夕方に月がふと目に入るのは、新月から満月へと月が膨らんでいく時間です。満月から新月へと月が欠けていく時間は、月が夜遅くから明け方でないと姿を現さなくなります。

　夕方に月が見える・膨らんでいく時間は「明るい月の時間」で、物事も発展的に成長・拡大していくと考えられています。一方、月がなかなか出てこない・欠けていく時間は「暗い月の時間」で、物事が縮小・凝縮していく時間となります。

　これらのことはもちろん、科学的な裏付けがあるわけではなく、あくまで「古くからの言い伝え」に近いものです。

　新月と満月のサイクルは「時間の死と再生のサイクル」です。このサイクルは、植物が繁茂しては枯れ、種によって子孫を残す、というイメージに重なります。「死」は本当の「死」ではなく、種や球根が一見眠っているように見える、その状態を意味します。

　そんな月の時間のイメージを、図にしてみました。

【新月】
種蒔き

芽が出る、新しいことを始める、目標を決める、新品を下ろす、髪を切る、悪癖をやめる、コスメなど、古いものを新しいものに替える

【上弦】
成長

勢い良く成長していく、物事を付け加える、増やす、広げる、決定していく、少し一本調子になりがち

【満月】
開花、
結実

達成、到達、充実、種の拡散、実を収穫する、人間関係の拡大、ロングスパンでの計画、このタイミングにゴールや〆切りを設定しておく

【下弦】
貯蔵、
配分

加工、貯蔵、未来を見越した作業、不要品の処分、故障したものの修理、古物の再利用を考える、蒔くべき種の選別、ダイエット開始、新月の直前、材木を切り出す

【新月】
次の
種蒔き

新しい始まり、仕切り直し、軌道修正、過去とは違った選択、変更

以下、月のフェーズを六つに分けて説明してみます。

● 新月　New moon

「スタート」です。時間がリセットされ、新しい時間が始まる！というイメージのタイミングです。この日を境に悩みや迷いから抜け出せる人も多いようです。とはいえ新月の当日は、気持ちが少し不安定になる、という人もいるようです。細い針のような月が姿を現す頃には、フレッシュで爽やかな気持ちになれるはずです。日食は「特別な新月」で、1年に二度ほど起こります。ロングスパンでの「始まり」のときです。

● 三日月〜 ● 上弦の月　Waxing crescent - First quarter moon

ほっそりした月が半月に向かうに従って、春の草花が生き生きと繁茂するように、物事が勢い良く成長・拡大していきます。大きく育てたいものをどんどん仕込んでいけるときです。

● 十三夜月〜小望月（こもちづき）　Waxing gibbous moon

少量の水より、大量の水を運ぶときのほうが慎重さを必要とします。それにも似て、この時期は物事が「完成形」に近づき、細かい目配りや粘り強さ、慎重さが必要になるようです。一歩一歩確かめながら、満月というゴールに向かいます。

◯ 満月　Full moon

新月からおよそ2週間、物事がピークに達するタイミングです。文字通り「満ちる」ときで、「満を持して」実行に移せることもあるでしょう。大事なイベントが満月の日に計画されている、ということもよくあります。意識してそうしたのでなくとも、関係者の予定を繰り合わせたところ、自然と満月前後に物事のゴールが置かれることがあるのです。

月食は「特別な満月」で、半年から1年といったロングスパンでの「到達点」です。長期的なプロセスにおける「折り返し地点」のような出来事が起こりやすいときです。

◐ 十六夜の月〜寝待月　Waning gibbous moon

樹木の苗や球根を植えたい時期です。時間をかけて育てていくようなテーマが、ここでスタートさせやすいのです。また、細くなっていく月に擬えて、ダイエットを始めるのにも良い、とも言われます。植物が種をできるだけ広くまき散らそうとするように、人間関係が広がるのもこの時期です。

◑ 下弦の月〜 ◐ 二十六夜月　Last quarter - Waning crescent moon

秋から冬に球根が力を蓄えるように、ここでは「成熟」がテーマとなります。物事を手の中にしっかり掌握し、力をためつつ「次」を見据えてゆっくり動くときです。いたずらに物珍しいことに踊らされない、どっしりした姿勢が似合います。

◆ 太陽星座早見表　山羊座

（1930〜2025年／日本時間）

太陽が山羊座に滞在する時間帯を下記の表にまとめました。
これより前は射手座、これより後は水瓶座ということになります。

生まれた年	期　　間	生まれた年	期　　間
1930	12/22 22:40 ~ '31 1/21 9:17	1954	12/22 18:24 ~ '55 1/21 5:01
1931	12/23 4:30 ~ '32 1/21 15:06	1955	12/23 0:11 ~ '56 1/21 10:47
1932	12/22 10:14 ~ '33 1/20 20:52	1956	12/22 6:00 ~ '57 1/20 16:38
1933	12/22 15:58 ~ '34 1/21 2:36	1957	12/22 11:49 ~ '58 1/20 22:27
1934	12/22 21:49 ~ '35 1/21 8:27	1958	12/22 17:40 ~ '59 1/21 4:18
1935	12/23 3:37 ~ '36 1/21 14:11	1959	12/22 23:34 ~ '60 1/21 10:09
1936	12/22 9:27 ~ '37 1/20 20:00	1960	12/22 5:26 ~ '61 1/20 16:00
1937	12/22 15:22 ~ '38 1/21 1:58	1961	12/22 11:19 ~ '62 1/20 21:57
1938	12/22 21:13 ~ '39 1/21 7:50	1962	12/22 17:15 ~ '63 1/21 3:53
1939	12/23 3:06 ~ '40 1/21 13:43	1963	12/22 23:02 ~ '64 1/21 9:40
1940	12/22 8:55 ~ '41 1/20 19:33	1964	12/22 4:50 ~ '65 1/20 15:28
1941	12/22 14:44 ~ '42 1/21 1:23	1965	12/22 10:40 ~ '66 1/20 21:19
1942	12/22 20:40 ~ '43 1/21 7:18	1966	12/22 16:28 ~ '67 1/21 3:07
1943	12/23 2:29 ~ '44 1/21 13:06	1967	12/22 22:16 ~ '68 1/21 8:53
1944	12/22 8:15 ~ '45 1/20 18:53	1968	12/22 4:00 ~ '69 1/20 14:37
1945	12/22 14:04 ~ '46 1/21 0:44	1969	12/22 9:44 ~ '70 1/20 20:23
1946	12/22 19:53 ~ '47 1/21 6:31	1970	12/22 15:36 ~ '71 1/21 2:12
1947	12/23 1:43 ~ '48 1/21 12:17	1971	12/22 21:24 ~ '72 1/21 7:58
1948	12/22 7:33 ~ '49 1/20 18:08	1972	12/22 3:13 ~ '73 1/20 13:47
1949	12/22 13:23 ~ '50 1/20 23:59	1973	12/22 9:08 ~ '74 1/20 19:45
1950	12/22 19:13 ~ '51 1/21 5:51	1974	12/22 14:56 ~ '75 1/21 1:35
1951	12/23 1:00 ~ '52 1/21 11:37	1975	12/22 20:46 ~ '76 1/21 7:24
1952	12/22 6:43 ~ '53 1/20 17:20	1976	12/22 2:35 ~ '77 1/20 13:13
1953	12/22 12:31 ~ '54 1/20 23:10	1977	12/22 8:23 ~ '78 1/20 19:03

124

生まれた年	期間
1978	12/22 14:21 ~ '79 1/21 0:59
1979	12/22 20:10 ~ '80 1/21 6:48
1980	12/22 1:56 ~ '81 1/20 12:35
1981	12/22 7:51 ~ '82 1/20 18:30
1982	12/22 13:38 ~ '83 1/21 0:16
1983	12/22 19:30 ~ '84 1/21 6:04
1984	12/22 1:23 ~ '85 1/20 11:57
1985	12/22 7:08 ~ '86 1/20 17:45
1986	12/22 13:02 ~ '87 1/20 23:39
1987	12/22 18:46 ~ '88 1/21 5:23
1988	12/22 0:28 ~ '89 1/20 11:06
1989	12/22 6:22 ~ '90 1/20 17:01
1990	12/22 12:07 ~ '91 1/20 22:46
1991	12/22 17:54 ~ '92 1/21 4:31
1992	12/21 23:43 ~ '93 1/20 10:22
1993	12/22 5:26 ~ '94 1/20 16:06
1994	12/22 11:23 ~ '95 1/20 21:59
1995	12/22 17:17 ~ '96 1/21 3:51
1996	12/21 23:06 ~ '97 1/20 9:41
1997	12/22 5:07 ~ '98 1/20 15:45
1998	12/22 10:56 ~ '99 1/20 21:36
1999	12/22 16:44 ~ '00 1/21 3:22
2000	12/21 22:37 ~ '01 1/20 9:16
2001	12/22 4:23 ~ '02 1/20 15:02

生まれた年	期間
2002	12/22 10:15 ~ '03 1/20 20:53
2003	12/22 16:05 ~ '04 1/21 2:42
2004	12/21 21:43 ~ '05 1/20 8:22
2005	12/22 3:36 ~ '06 1/20 14:15
2006	12/22 9:23 ~ '07 1/20 20:01
2007	12/22 15:09 ~ '08 1/21 1:44
2008	12/21 21:05 ~ '09 1/20 7:40
2009	12/22 2:48 ~ '10 1/20 13:28
2010	12/22 8:40 ~ '11 1/20 19:19
2011	12/22 14:31 ~ '12 1/21 1:10
2012	12/21 20:13 ~ '13 1/20 6:52
2013	12/22 2:12 ~ '14 1/20 12:51
2014	12/22 8:04 ~ '15 1/20 18:43
2015	12/22 13:49 ~ '16 1/21 0:27
2016	12/21 19:45 ~ '17 1/20 6:24
2017	12/22 1:29 ~ '18 1/20 12:09
2018	12/22 7:24 ~ '19 1/20 18:00
2019	12/22 13:21 ~ '20 1/20 23:55
2020	12/21 19:03 ~ '21 1/20 5:40
2021	12/22 1:00 ~ '22 1/20 11:38
2022	12/22 6:49 ~ '23 1/20 17:29
2023	12/22 12:28 ~ '24 1/20 23:07
2024	12/21 18:21 ~ '25 1/20 4:59
2025	12/22 0:03 ~ '26 1/20 10:44

おわりに

　年次版の文庫サイズ『星栞』は、本書でシリーズ5作目となりました。昨年の「スイーツ」をモチーフにした12冊はそのかわいらしさから多くの方に手に取って頂き、とても嬉しかったです。ありがとうございます！

　そして2024年版の表紙イラストは、一見して「何のテーマ？？？」となった方も少なくないかと思うのですが、実は「ペアになっているもの」で揃えてみました（！）。2024年の星の動きの「軸」の一つが、木星の牡牛座から双子座への移動です。双子座と言えば「ペア」なので、双子のようなものやペアでしか使わないようなものを、表紙のモチーフとして頂いたのです。柿崎サラさんに、とてもかわいくスタイリッシュな雰囲気に描いて頂けて、みなさんに手に取って頂くのがとても楽しみです。

　星占いの12星座には「ダブルボディーズ・サイン」と呼ばれる星座があります。すなわち、双子座、乙女座、射手座、魚座です。双子座は双子、魚座は「双魚宮」で2体です。メソポタミア時代の古い星座絵には、乙女座付近に複数の乙女が描かれています。そして、射手座は上半身が人

間、下半身が馬という、別の意味での「ダブルボディ」となっています。「ダブルボディーズ・サイン」は、季節の変わり目を担当する星座です。「三寒四温」のように行きつ戻りつしながら物事が変化していく、その複雑な時間を象徴しているのです。私たちも、様々な「ダブルボディ」を生きているところがあるように思います。職場と家では別の顔を持っていたり、本音と建前が違ったり、過去の自分と今の自分は全く違う価値観を生きていたりします。こうした「違い」を「八方美人」「ブレている」などと否定する向きもありますが、むしろ、色々な自分を生きることこそが、自由な人生、と言えないでしょうか。2024年は「自分」のバリエーションを増やしていくような、それによって心が解放されていくような時間となるのかもしれません。

星栞 2024年の星占い
山羊座

2023年9月30日　第1刷発行

著者　　石井ゆかり

発行人　石原正康
発行元　株式会社 幻冬舎コミックス
　　　　〒151-0051 東京都渋谷区千駄ヶ谷4-9-7
　　　　電話 03-5411-6431（編集）
発売元　株式会社 幻冬舎
　　　　〒151-0051 東京都渋谷区千駄ヶ谷4-9-7
　　　　電話 03-5411-6222（営業）
　　　　振替 00120-8-767643

印刷・製本所：株式会社 光邦
デザイン：竹田麻衣子（Lim）
DTP：株式会社 森の印刷屋、安居大輔（Dデザイン）
STAFF：齋藤至代（幻冬舎コミックス）、
　　　　佐藤映湖・滝澤 航（オーキャン）、三森定史
装画：柿崎サラ